56

Coleção
**LEIS ESPECIAIS**
*para* **concursos**

Dicas para realização de provas com questões de concursos e jurisprudência do STF e STJ inseridas artigo por artigo

*Coordenação:*
**LEONARDO GARCIA**

# LEGISLAÇÃO DE INTELIGÊNCIA

*Coleção*
**LEIS ESPECIAIS**
*para* **concursos**

56

Dicas para realização de provas com questões de concursos e jurisprudência do STF e STJ inseridas artigo por artigo

*Coordenação:*
**LEONARDO GARCIA**

**ESTEVAM FREITAS**

# LEGISLAÇÃO DE INTELIGÊNCIA

**2019**

EDITORA JusPODIVM
www.editorajuspodivm.com.br

EDITORA *Jus*PODIVM
www.editorajuspodivm.com.br

Rua Território Rio Branco, 87 – Pituba – CEP: 41830-530 – Salvador – Bahia
Tel: (71) 3045.9051
• Contato: https://www.editorajuspodivm.com.br/sac



**Diagramação:** Luiz Fernando Romeu *(lfnando_38@hotmail.com)*

**Capa:** Ana Caquetti

**ISBN:** 978-85-442-2858-6

# Proposta da Coleção
# *Leis Especiais para Concursos*

A coleção *Leis Especiais para Concursos* tem como objetivo preparar os candidatos para os principais certames do país.

Pela experiência adquirida ao longo dos anos, dando aulas nos principais cursos preparatórios do país, percebi que a grande maioria dos candidatos lê apenas as leis especiais, deixando os manuais para as matérias mais cobradas, como constitucional, administrativo, processo civil, civil, etc. Isso ocorre pela falta de tempo do candidato ou porque faltam no mercado livros específicos (para concursos) em relação a tais leis.

Nesse sentido, a Coleção *Leis Especiais para Concursos* tem a intenção de suprir uma lacuna no mercado, preparando os candidatos para questões relacionadas às leis específicas, que vêm sendo cada vez mais contempladas nos editais.

Em vez de somente ler a lei seca, o candidato terá dicas específicas de concursos em cada artigo (ou capítulo ou título da lei), questões de concursos mostrando o que os examinadores estão exigindo sobre cada tema e, sobretudo, os posicionamentos do STF, STJ e TST (principalmente aqueles publicados nos informativos de jurisprudência). As instituições que organizam os principais concursos utilizam os informativos e as notícias (publicados na página virtual de cada tribunal) para elaborar as questões de concursos. Por isso, a necessidade de se conhecer (e bem!) a jurisprudência dos tribunais superiores.

Assim, o que se pretende com a presente coleção é preparar o leitor, de modo rápido, prático e objetivo, para enfrentar as questões de prova envolvendo as leis específicas.

Boa sorte!

**Leonardo Garcia**
*Coordenador da coleção*
www.leonardogarcia.com.br
Instagram: @professorleonardogarcia

# Como a Legislação de Inteligência é cobrada nos concursos públicos?

A legislação ligada à inteligência é cobrada em concursos como da Agência Brasileira de Inteligência – ABIN, do Tribunal Regional Federal (2ª Região) – TRF e do Tribunal de Contas da União – TCU.

As normas mais cobradas são a Lei 9.883/1999 e seu decreto regulamentador (Dec. 4.376/2002). Na primeira, podemos destacar os seguintes dispositivos: artigo **1º,** que traz os conceitos de inteligência e contra inteligência; o artigo **2º,** que fala sobre o Sistema Brasileiro de Inteligência; os artigos **3º** e **4º,** que tratam das funções da ABIN; artigo 6º, que discorre a respeito do controle externo da atividade de inteligência, além de todos os artigos da Lei 9.883/1999. No Decreto 4.376/2002 podemos destacar o artigo **4º,** que apresenta a composição do SISBIN; o artigo **6º,** que trata das atribuições dos órgãos do SISBIN; o artigo **7º,** que dispõe sobre o Conselho Consultivo do SISBIN. Da Lei 11.776/2008 podemos destacar os artigos 2ª a 12, que falam dos cargos da ABIN. No Decreto 8.905/2016 podemos enfatizar os artigos 3º a 20 do Anexo 1, que apresentam as competências das unidades internas da ABIN. **Os artigos mais importantes estão destacados em pontilhado nos boxes cinza, como no exemplo abaixo:**

> **Art. 2º** Os **órgãos e entidades** da Administração Pública Federal que, direta ou indiretamente, possam produzir conhecimentos de interesse das atividades de inteligência, em especial aqueles responsáveis pela defesa externa, segurança interna e relações exteriores, constituirão o Sistema Brasileiro de Inteligência, na forma de ato do Presidente da República.

As provas destacam quase que essencialmente a parte legal, já que há pouca jurisprudência a respeito do tema. É necessário dar destaque à leitura do texto da lei e às eventuais implicações interpretativas do texto legal.

# Sumário

# Abreviaturas Utilizadas nas Referências e nos Comentários

| | | |
|---|---|---|
| ABIN | – | Agência Brasileira de Inteligência |
| AGU | – | Advocacia Geral da União |
| CF | – | Constituição Federal |
| CN | – | Congresso Nacional |
| DISBI | – | Departamento de Integração do Sistema Brasileiro de Inteligência |
| ENINT | – | Estratégia Nacional de Inteligência |
| GSI | – | Gabinete de Segurança Institucional |
| PNI | – | Política Nacional de Inteligência |
| SISBIN | – | Sistema Brasileiro de Inteligência |
| SNI | – | Serviço Nacional de Informações |
| STF | – | Supremo Tribunal Federal |
| STJ | – | Superior Tribunal de Justiça |
| TCU | – | Tribunal de Contas da União |
| TRF | – | Tribunal Regional Federal |

# Breve panorama da legislação de inteligência

Todo estado que se preze possui um sistema de inteligência formado pelos seus principais órgãos governamentais. Assim, não seria diferente no Brasil. Podemos dar destaque a dois períodos de nossa história: o regime militar e o do pós-redemocratização.

Historicamente, quem fazia o serviço de inteligência era o antigo SNI (Serviço Nacional de Informações), criado pelo Decreto 4.341/1964, na época do regime militar, que tinha a incumbência de supervisionar e coordenar as atividades de informações e contrainformações no Brasil e no exterior, podendo utilizar, inclusive, de escutas telefônicas. Havia escritórios em vários pontos do território nacional. Os escritórios coordenavam o trabalho dos agentes: "cachorros" (eram agentes que não eram remunerados, agiam de forma voluntária sempre esperando algum tipo de favorecimento resultante de suas ações) e "secretas" (eram agentes remunerados e treinados pelo SNI, em geral eram infiltrados nos diversos setores da administração pública e privada). O SNI foi extinto em 1990, no governo Collor.

Em 1999, o governo Fernando Henrique Cardoso trouxe uma nova roupagem ao nosso sistema de inteligência ao criar, pela Lei 9.883/1999, a Agência Brasileira de Inteligência - ABIN, dando a ela a função de órgão central do Sistema Brasileiro de Inteligência.

Podemos fazer um paralelo entre o antigo SNI com a ABIN, onde podemos enxergar que o primeiro teria uma gama maior de poder, até porque vivíamos num momento em que o controle estatal era bem mais evidenciado. Após a redemocratização e extinção do SNI, vivemos a carência de um órgão que fosse o pilar do nosso sistema de inteligência. Assim, nasce a ABIN, que é parte integrante do aparato estatal até os dias de hoje.

# Lei 9.883/1999 – Lei que cria a ABIN e institui o SISBIN

Institui o Sistema Brasileiro de Inteligência, cria a Agência Brasileira de Inteligência – ABIN, e dá outras providências.

**Art. 1º** Fica instituído o **Sistema Brasileiro de Inteligência**, que integra as ações de planejamento e execução das atividades de inteligência do País, com a **finalidade de fornecer subsídios** ao Presidente da República nos assuntos de interesse nacional.

§ 1º O **Sistema Brasileiro de Inteligência tem como fundamentos** a preservação da soberania nacional, a defesa do Estado Democrático de Direito e a dignidade da pessoa humana, devendo ainda cumprir e preservar os direitos e garantias individuais e demais dispositivos da Constituição Federal, os tratados, convenções, acordos e ajustes internacionais em que a República Federativa do Brasil seja parte ou signatário, e a legislação ordinária.

§ 2º Para os efeitos de aplicação desta Lei, entende-se como **inteligência** a atividade que objetiva a **obtenção, análise e disseminação de conhecimentos** dentro e fora do território nacional sobre fatos e situações de imediata ou potencial influência sobre o processo decisório e a ação governamental e sobre a salvaguarda e a segurança da sociedade e do Estado.

§ 3º Entende-se como **contrainteligência** a atividade que objetiva **neutralizar** a inteligência adversa.

1. **Objetivo da Lei 9883/99**: A lei 9883/99 tem por objetivo criar a Agência Brasileira de Inteligência – ABIN e instituir o Sistema Brasileiro de Inteligência – SISBIN.

2. **A existência do Sistema Brasileiro de Inteligência:** É importante notar que o SISBIN já existia, na verdade é inerente a todo aparato estatal, na verdade o que a referida lei consagra é uma nova diretriz de inteligência. Com isso é criado um novo órgão atrelado à Presidência da República, que é a ABIN.

3. **Conceito de inteligência:** atividade que objetiva a **obtenção, análise e disseminação de conhecimentos** dentro e fora do território nacional sobre fatos e situações de imediata ou potencial influência sobre o processo decisório e a ação governamental e sobre a salvaguarda e a segurança da sociedade e do Estado.

**Aplicação em concurso:**

- *ABIN/Agente de Inteligência– CESPE – 2008*

  "Considera-se inteligência a atividade de obtenção e análise de dados e informações e de produção e difusão de conhecimentos, dentro e fora do território nacional, relativos a fatos e situações de imediata ou potencial influência sobre o processo decisório, a ação governamental, a salvaguarda e a segurança da sociedade e do Estado."

  *Afirmativa correta. É o que fala o artigo 1º § 2º da Lei 9883/99*

4. **Fundamentos da inteligência no Brasil.** São determinados também, logo no primeiro artigo, os fundamentos da inteligência no Brasil:

- a preservação da soberania nacional;
- a defesa do Estado Democrático de Direito;
- a dignidade da pessoa humana,
- cumprir e preservar os direitos e garantias individuais e demais dispositivos da Constituição Federal, os tratados, convenções, acordos e ajustes internacionais em que a República Federativa do Brasil seja parte ou signatário, e a legislação ordinária.

Em resumo, podemos verificar que os fundamentos do SISBIN seriam o respeito da legislação interna e os acordos internacionais dos quais o Brasil seja signatário, com uma clara diretriz de respeito ao estado democrático de direito.

**Aplicação em concurso:**

- *ABIN/Agente de Inteligência– CESPE – 2008*

  "As atividades de inteligência devem ser desenvolvidas, no que se refere aos limites de sua extensão e ao uso de técnicas e meios sigilosos, independentemente da observância dos direitos e das garantias individuais e para fins de assessoramento ao presidente da República."

  *A afirmativa está errada. As atividades de inteligências devem respeitar os direitos e garantias individuais.*

- *ABIN/Agente Técnico de Inteligência– CESPE – 2010*

  "Nas atividades de inteligência, o uso de técnicas e meios sigilosos com potencial suficiente para ferir direitos e garantias individuais só pode ocorrer mediante o conhecimento e a autorização prévia do presidente do Conselho Consultivo do SISBIN e exclusivamente nos casos que envolvam a segurança do Estado."

  *A afirmativa está errada. As atividades de inteligências não podem ferir os direitos e garantias individuais.*

5. **Dica importante:** Pergunta recorrente em prova é acerca do respeito aos tratados internacionais. As questões querem fazer pensar que não devem ser respeitados tais tratados devido à autonomia estatal. Observamos que o próprio texto constitucional determina que devem ser respeitados os tratados e convenções internacionais, assim não haveria nexo se os órgãos que compõe o SISBIN também que detivessem tal respeito.

**Aplicação em concurso:**

- *ABIN/Oficial de Inteligência– CESPE – 2008*

  "O SISBIN, em suas ações, deve cumprir e preservar os direitos e garantias individuais e demais dispositivos da CF e das leis ordinárias, mas não os derivados de tratados, convenções, acordos e ajustes internacionais, tendo em vista que o SBI tem como fundamento a preservação da soberania nacional".

  *A afirmativa está errada. Devem respeitar também os direitos derivados de tratados, convenções, acordos e ajustes internacionais.*

6. **Conceitos importantes (inteligência e contra inteligência):**

| **Inteligência** (art. 1, par 2 da Lei 9883/99) **é a atividade que objetiva a obtenção, análise e disseminação de conhecimentos** dentro e fora do território nacional sobre fatos e situações de imediata ou potencial influência sobre o processo decisório e ação governamental e sobre a salvaguarda e a segurança da sociedade do Estado. | **Contra Inteligência (art. 1, par da Lei 9883/99) é a atividade que objetiva a inteligência adversa.** Já a definição dada pelo Decreto 4376/02 (art. 3º) tem um sentido um pouco mais amplo para contrainteligência: entende-se como contrainteligência a atividade que objetiva prevenir, detectar, obstruir e neutralizar a inteligência adversa e ações de qualquer natureza que constituam ameaça à salvaguarda de dados, informações e conhecimentos de interesse da segurança da sociedade e do Estado, bem como das áreas e dos meios que os retenham ou em que transmitem. |
|---|---|

7. **Observações quanto aos conceitos de Inteligência e Contrainteligência:** Quanto aos conceitos citados acima podemos verificar que a ideia do serviço de inteligência no Brasil é subsidiar o Presidente da República em suas decisões. Já no caso de Contra Inteligência seria uma forma de detectar a inteligência adversa. Aqui espero que vocês tenham uma importante reflexão. Observem que o conceito de contrainteligência previsto na lei é bem mais conciso do que aquele previsto no decreto. Então sugiro que detenham essa diferença em sua mente. Observem o quadro esquemático abaixo:

| Contrainteligência (lei) – sentido estrito. | Contrainteligência (decreto) – sentido amplo. |
|---|---|

**Aplicação em concurso:**

- *ABIN/Oficial de Inteligência– CESPE – 2008*

  "Entende-se por contrainteligência a atividade do DISBI destinada a inutilizar informações sigilosas que foram obtidas com a finalidade de subsidiar o presidente da República em seu processo decisório e que não são mais necessárias".

  *A afirmativa está errada. Não é atividade do DISBI (Departamento de Integração do Sistema Brasileiro de Inteligência). Na verdade contrainteligência é a atividade que objetiva neutralizar a inteligência adversa. A questão foi anulada, pois no glossário da prova não havia a explicação da sigla DISBI.*

- *ABIN/Oficial Técnico de Inteligência– CESPE – 2018*

  "Enquanto a inteligência é a atividade que tem o objetivo de evitar as ações de inteligência adversa, a contrainteligência difunde conhecimentos sobre situações que aconteceram dentro do território nacional de imediata influência sobre a ação governamental".

  *A afirmativa está errada. Na verdade, contrainteligência que tem por objetivo evitar ações da inteligência adversa. Já inteligência atividade que objetiva a obtenção, análise e disseminação de conhecimentos dentro e fora do território nacional.*

**Art. 2º** Os **órgãos e entidades** da Administração Pública Federal que, direta ou indiretamente, possam produzir conhecimentos de interesse das atividades de inteligência, em especial aqueles responsáveis pela defesa externa, segurança interna e relações exteriores, constituirão o Sistema Brasileiro de Inteligência, na forma de ato do Presidente da República.

§ 1º **O Sistema Brasileiro de Inteligência é responsável pelo processo de obtenção, análise e disseminação da informação** necessária ao processo decisório do Poder Executivo, bem como pela salvaguarda da informação contra o acesso de pessoas ou órgãos não autorizados.

§ 2º **Mediante ajustes específicos e convênios, ouvido o competente órgão de controle externo da atividade de inteligência,** as **Unidades da Federação poderão compor o Sistema Brasileiro de Inteligência.**

1. **Órgãos e entidades que poderão compor o SISBIN**:

**Aplicação em concurso:**

- *ABIN/Agente Técnico de Inteligência– CESPE – 2010*

  "Os órgãos e entidades da administração pública federal que produzirem, direta ou indiretamente, conhecimentos de interesse das atividades de inteligência, em especial aqueles responsáveis pela defesa externa, segurança interna e relações exteriores, são membros natos do SISBIN".

  *Afirmativa errada. Os **órgãos e entidades** da Administração Pública Federal que, direta ou indiretamente, possam produzir conhecimentos de interesse das atividades de inteligência, em especial aqueles responsáveis pela defesa externa, segurança interna e relações exteriores, constituirão o Sistema Brasileiro de Inteligência. Apesar do dispositivo legal dizer que eles constituirão o SISBIN, não referência legal em serem membros natos do SISBIN. O Decreto 4376/02 em seu artigo 4º elenca quais os órgãos que compõe o SISBIN.*

2. **Processo decisório do Poder Executivo:** quem auxilia no processo decisório do Poder Executivo realizado pelo Presidente da República é o SISBIN, pois o sistema é o responsável pelo processo de obtenção, análise e disseminação da informação.

3. **Órgão de controle externa da atividade de inteligência**: há um órgão de controle externo da atividade de inteligência no Brasil, representado pelo Poder Legislativo por intermédio do **Congresso Nacional** (art. 6º Lei 9883/99). Integrarão o órgão de controle externo da atividade de inteligência os **líderes da maioria e da minoria na Câmara dos Deputados e no Senado Federal**, assim como os **Presidentes das Comissões de Relações Exteriores e Defesa Nacional da Câmara dos Deputados e do Senado Federal.**

4. **Unidades da Federação poderão compor o Sistema Brasileiro de Inteligência**: As unidades federativas do Brasil poderão compor o SISBIN, desde que haja ajustes específicos e convênios, **ouvido** o competente órgão de controle externo da atividade de inteligência. Podemos ter como exemplo

a Polícia Civil do Estado do Rio de Janeiro, caso houvesse a necessidade ela, apesar de compor uma unidade da federação, poderia compor o SISBIN, respeitando os ajustes e convênios específicos e sendo ouvido previamente o órgão de controle externo da atividade de inteligência.

▶ **Cuidado que este assunto é muito cobrado em prova!!**

**Aplicação em concurso:**

- *ABIN/Oficial de Inteligência– CESPE – 2008*

  "As unidades da Federação podem compor o SISBIN, mediante ajustes específicos e convênios, ouvido o competente órgão de controle externo da atividade de inteligência".

  *Afirmativa está correta. É o que afirma o art. 2º, § 2º da lei 9883/99.*

- *ABIN/Oficial Técnico de Inteligência– CESPE – 2010*

  "As unidades da Federação podem compor o SISBIN, mediante ajustes específicos e convênios e aprovação necessária do conselho consultivo instituído pelo referido decreto".

  *Afirmativa está errada. As unidades da Federação podem compor o SISBIN, mas desde que ouvido previamente o órgão de controle externo da atividade de inteligência e não o conselho consultivo.*

- *ABIN/Agente de Inteligência– CESPE – 2018*

  "A criação do SISBIN impôs que as unidades da Federação fizessem parte dele".

  *Afirmativa errada. As unidades da federação* ***poderão*** *compor o SISBIN, através de ajustes e convênios. Não há obrigatoriedade da participação.*

**Art. 3º** Fica **criada a Agência Brasileira de Inteligência - ABIN, órgão da Presidência da República**, que, na posição de **órgão central** do Sistema Brasileiro de Inteligência, terá a seu cargo planejar, executar, coordenar, supervisionar e controlar as atividades de inteligência do País, obedecidas à política e às diretrizes superiormente traçadas nos termos desta Lei. (Vide Medida Provisória nº 1.999-17, de 2000) (Redação dada pela Medida Provisória nº 2.216-37, de 2001)

Parágrafo único. As atividades de inteligência serão desenvolvidas, no que se refere aos limites de sua extensão e ao uso de técnicas e meios sigilosos, **com irrestrita observância dos direitos e garantias individuais, fidelidade às instituições e aos princípios éticos que regem os interesses e a segurança do Estado.**

1. **Criação ABIN**: A lei 9883/99 **traça os parâmetros** do Sistema Brasileiro de Inteligência e **cria** a Agência Brasileira de Inteligência – ABIN.
2. **Órgão central do SISBIN**: apesar de existirem vários órgãos que compõem o SISBIN, apenas dois possuem função diferenciada dentro do sistema. A **ABIN** é **órgão central** do SISBIN e o Gabinete de Segurança Institucional – **GSI** é o **órgão de coordenação** do sistema.
3. **Observância dos direitos e garantis fundamentais**: como já discutido nos comentários do artigo 1º da lei em comento, as atividades de inteligência devem respeitar a legislação interna e também a internacional, com total fidelidade aos direitos e garantias individuais.

**Art. 4º** À ABIN, além do que lhe prescreve o artigo anterior, compete:

I – **planejar e executar** ações, inclusive sigilosas, relativas à obtenção e análise de dados para a produção de conhecimentos destinados a assessorar o Presidente da República;

II – **planejar e executar** a proteção de conhecimentos sensíveis, relativos aos interesses e à segurança do Estado e da sociedade;

III – **avaliar as ameaças**, internas e externas, à ordem constitucional;

IV – **promover o desenvolvimento de recursos humanos** e da doutrina de inteligência, e realizar estudos e pesquisas para o exercício e aprimoramento da atividade de inteligência.

Parágrafo único. Os órgãos componentes do Sistema Brasileiro de Inteligência fornecerão à ABIN, nos termos e condições a serem aprovados mediante ato presidencial, para fins de integração, dados e conhecimentos específicos relacionados com a defesa das instituições e dos interesses nacionais.

1. **Quadro esquemático das competências da ABIN**:

| | | | |
|---|---|---|---|
| **I – planejar e executar** ações, inclusive sigilosas, relativas à obtenção e análise de dados para a produção de conhecimentos destinados a assessorar o Presidente da República; | II – **planejar e executar** a proteção de conhecimentos sensíveis, relativos aos interesses e à segurança do Estado e da sociedade; | III – **avaliar as ameaças**, internas e externas, à ordem constitucional; | IV – **promover o desenvolvimento de recursos humanos** e da doutrina de inteligência, e realizar estudos e pesquisas para o exercício e aprimoramento da atividade de inteligência. |

**Aplicação em concurso:**

- *ABIN/Oficial de Inteligência– CESPE – 2008*

  "À ABIN compete planejar e executar ações, inclusive sigilosas, relativas à obtenção e análise de dados para a produção de conhecimentos destinados a assessorar o presidente da República e, em face da natureza sigilosa das ações, a ABIN pode decretar a interceptação das comunicações telefônicas de suspeitos".

  *Afirmativa errada. A ABIN não tem o poder de decretar a interceptação de comunicações telefônicas. Em regra, tal incumbência pertence à polícia judiciária, ou seja, Policia Civil e Federal.*

- *ABIN/Oficial de Inteligência– CESPE – 2008*

  "Consideram-se conhecimentos sensíveis, cujo planejamento e execução compete à ABIN, aqueles relacionados a dados ilícitos e sigilosos, para fins de assessoramento ao presidente da República".

  *Afirmativa errada. Conhecimento sensíveis são aqueles que necessitam de um rigor maior na sua segurança, inclusive, podendo ter grau de sigilo.*

2. **Compartilhamento de informações**: os órgãos que compõem o SISBIN devem compartilhar entre si as informações que sejam pertinentes à Política Nacional de Inteligência.

**Art. 5º A execução da Política Nacional de Inteligência**, fixada pelo **Presidente da República**, será levada a efeito pela ABIN, sob a supervisão da Câmara de Relações Exteriores e Defesa Nacional do Conselho de Governo.

Parágrafo único. Antes de ser fixada pelo Presidente da República, a Política Nacional de Inteligência será remetida ao exame e sugestões do competente órgão de controle externo da atividade de inteligência.

1. **Política Nacional de Inteligência**: A Política Nacional de Inteligência (PNI), documento de mais alto nível de orientação da atividade de Inteligência no País, fixada pelo Presidente da República, por intermédio do Decreto 8793/16 também, nos próximos capítulos, será objetivo de análise desta obra.

**Aplicação em concurso:**

- *ABIN/Agente de Inteligência– CESPE – 2008*

  "A execução da Política Nacional de Inteligência é fixada pela ABIN, sob a supervisão da Câmara de Relações Exteriores e Defesa Nacional do Conselho de Governo".

*Afirmativa errada. A execução da Política Nacional de Inteligência é **fixada pelo Presidente da República e não pela ABIN**, sob a supervisão da Câmara de Relações Exteriores e Defesa Nacional do Conselho de Governo.*

**Art. 6º O controle e fiscalização externos** da atividade de inteligência serão exercidos pelo Poder Legislativo na forma a ser estabelecida em ato do Congresso Nacional.

§ 1º Integrarão o órgão de controle externo da atividade de inteligência os **líderes da maioria e da minoria na Câmara dos Deputados e no Senado Federal, assim como os Presidentes das Comissões de Relações Exteriores e Defesa Nacional da Câmara dos Deputados e do Senado Federal.**

§ 2º O ato a que se refere o *caput* deste artigo definirá o funcionamento do órgão de controle e a forma de desenvolvimento dos seus trabalhos com vistas ao controle e fiscalização dos atos decorrentes da execução da Política Nacional de Inteligência.

1. **Fiscalização da atividade de inteligência**: a fiscalização da atividade de inteligência será exercida pelo Poder Legislativo por intermédio Congresso Nacional.

**Aplicação em concurso:**

- *ABIN/Agente de Inteligência– CESPE – 2008*

  "O controle e a fiscalização externos da atividade de inteligência são exercidos pelo Presidente da República".

  *Afirmativa errada. O controle e a fiscalização externos da atividade de inteligência são exercidos pelo Poder Legislativo.*

2. **Composição do órgão de controle externo da atividade de inteligência**:

| | |
|---|---|
| 1. **Líderes da maioria e minoria** da Câmara dos Deputados. | 2. **Líderes da maioria e minoria** do Senado Federal. |
| 3. Presidente da **Comissão de Relações Exteriores** da Câmara dos Deputados. | 4. Presidente da **Comissão de Relações Exteriores** do Senado Federal. |
| 5. Presidente da **Comissão de Defesa Nacional** da Câmara dos Deputados. | 6. Presidente da **Comissão de Defesa Nacional** da Câmara dos Deputados. |

**Aplicação em concurso:**

- *ABIN/Oficial Técnico de Inteligência– CESPE – 2010*

  "O controle e a fiscalização externos da atividade de inteligência são exercidos pela Comissão Mista de Controle de Órgãos de Inteligência do Congresso Nacional, criada junto com a ABIN. Integram-na os presidentes das Comissões de Relações Exteriores e Defesa Nacional da Câmara dos Deputados e do Senado Federal, os líderes da maioria e minoria na Câmara dos Deputados e no Senado Federal e o presidente do Tribunal de Contas da União"

  *Afirmativa errada. O controle e fiscalização externo da atividade de inteligência é exercida pelo Poder Legislativo. Integram o referido órgão os* ***líderes da maioria e da minoria na Câmara dos Deputados e no Senado Federal, assim como os Presidentes das Comissões de Relações Exteriores e Defesa Nacional da Câmara dos Deputados e do Senado Federal****. Ponto importante a ressaltar é que o presidente o TCU não faz parte de tal órgão.*

**Art. 7º A ABIN**, observada a legislação e normas pertinentes, e objetivando o desempenho de suas atribuições, poderá firmar convênios, acordos, contratos e quaisquer outros ajustes.

1. **Acordos e convênios**: a ABIN poderá fazer acordos, convênios, contratos e outros ajustes com objetivo de aprimorar o desempenho das suas atribuições. Para isso ela deve respeitar a legislação administrativa pertinente, bem como os fundamentos da Política Nacional de Inteligência.

**Art. 8º** A ABIN será dirigida por um Diretor-Geral, cujas funções serão estabelecidas no decreto que aprovar a sua estrutura organizacional.

§ 1º **O regimento interno da ABIN disporá sobre a competência e o funcionamento de suas unidades**, assim como as atribuições dos titulares e demais integrantes destas.

§ 2º **A elaboração e edição do regimento interno da ABIN serão de responsabilidade de seu Diretor-Geral**, que o submeterá à aprovação do Presidente da República.

1. **Estrutura organizacional da ABIN**: o Decreto **8.905/16** dispõe sobre a estrutura regimental da ABIN. Tal decreto será objeto de análise desta obra nos próximos capítulos.

**Art. 9º** Os atos da ABIN, **cuja publicidade possa comprometer o êxito de suas atividades sigilosas**, deverão ser **publicados em extrato.**

§ 1º Incluem-se entre os atos objeto deste artigo os **referentes ao seu peculiar funcionamento, como às atribuições, à atuação e às especificações dos respectivos cargos, e à movimentação dos seus titulares.**

§ 2º A obrigatoriedade de publicação dos atos em extrato independe de serem de caráter ostensivo ou sigiloso os recursos utilizados, em cada caso.

1. **Publicação em extrato**: as informações sensíveis, ou seja, aquelas que possam comprometer o êxito das atividades sigilosas, ou mesmo comprometer o funcionamento ou atribuições dos cargos da ABIN deverão ser publicados em extrato.

**Aplicação em concurso:**

- *ABIN/Oficial Técnico de Inteligência– CESPE – 2010*

  "Os atos administrativos, no âmbito da ABIN, que viabilizem aquisições de bens e serviços cuja publicidade possa comprometer o êxito das atividades sigilosas da agência devem ser publicados em extrato, cabendo ao gestor utilizar, nesses casos, recursos orçamentários sigilosos".

  *Afirmativa errada. A lei orçamentária não admite recursos de orçamentos sigilosos, isso também vai na contramão da transparência e publicidade dos atos administrativos.*

- *ABIN/Agente de Inteligência– CESPE – 2008*

  "Os atos da ABIN cuja publicidade possa comprometer o êxito de suas atividades sigilosas devem ser publicados em extrato".

  *Afirmativa correta. É exatamente o apresenta o artigo 9º da Lei 9.883/99.*

**Art. 9º-A** – Quaisquer **informações ou documentos** sobre as **atividades e assuntos de inteligência** produzidos, em curso ou sob a custódia da ABIN **somente** poderão ser fornecidos, às autoridades que tenham competência legal para solicitá-los, pelo **Chefe do Gabinete de Segurança Institucional da Presidência da República**, observado o respectivo grau de sigilo conferido com base na legislação em vigor, excluídos aqueles cujo sigilo seja imprescindível à segurança da sociedade e do Estado. (Vide Medida Provisória nº 2.123-30, de 2001) (Incluído pela Medida Provisória nº 2.216-37, de 2001)

§ 1º O fornecimento de documentos ou informações, não abrangidos pelas hipóteses previstas no **caput** deste artigo, será regulado em ato próprio do Chefe do Gabinete de Segurança Institucional da Presidência da República.

(Vide Medida Provisória nº 2.123-30, de 2001) (Incluído pela Medida Provisória nº 2.216-37, de 2001)

§ 2º A autoridade ou qualquer outra pessoa que tiver conhecimento ou acesso aos documentos ou informações referidos no **caput** deste artigo obriga-se a manter o respectivo sigilo, sob pena de responsabilidade administrativa, civil e penal, e, em se tratando de procedimento judicial, fica configurado o interesse público de que trata o art. 155, inciso I, do Código de Processo Civil, devendo qualquer investigação correr, igualmente, sob sigilo. (Vide Medida Provisória nº 2.123-30, de 2001) (Incluído pela Medida Provisória nº 2.216-37, de 2001)

1. **Acesso às informações ou documentos em custódia da ABIN**: somente quem poderá ter acesso a essas informações serão as autoridades que tenham competência legal para solicitá-las, porém necessitará da anuência do Chefe do Gabinete de Segurança Institucional – GSI.

**Art. 10**. A ABIN **somente** poderá **comunicar-se com os demais órgãos** da administração pública direta, indireta ou fundacional, de qualquer dos Poderes da União, dos Estados, do Distrito Federal e dos Municípios, **com o conhecimento prévio da autoridade competente de maior hierarquia do respectivo órgão, ou um seu delegado**.

1. **Comunicação da ABIN com os demais órgãos da Administração Pública**: a lei veda a comunicação da ABIN com outros órgãos da Administração Pública sem a anuência da autoridade máxima do respectivo órgão ou um seu delegado. Tal vedação tem por objetivo evitar que informações sigilosas possam chegar ao conhecimento de pessoas não autorizadas e manter o maior sigilo das informações sensíveis.

**Aplicação em concurso:**

- *ABIN/Agente Técnico de Inteligência– CESPE – 2010*

  "A ABIN, mesmo sendo o órgão central do SISBIN, somente pode comunicar-se com os demais órgãos da administração pública direta, indireta ou fundacional, de qualquer dos poderes da União, dos estados, do Distrito Federal e dos municípios, com o conhecimento prévio da autoridade competente de maior hierarquia do respectivo órgão, ou de um delegado seu".

  *Afirmativa correta. Exatamente o que afirma o artigo 10 da Lei 9883/99.*

**Art. 11**. Ficam criados os cargos de Diretor-Geral e de Diretor-Adjunto da ABIN, de natureza especial, e os em comissão, de que trata o Anexo a esta Lei.

Parágrafo único. **São privativas do Presidente da República** a escolha e a nomeação do **Diretor-Geral da ABIN**, após **aprovação** de seu nome **pelo Senado Federal.**

1. **Escolha do cargo de Diretor da ABIN:** a Constituição Federal em seu artigo 84 elenca vários cargos indicados pelo Presidente da República que precisam passar pela aprovação do Senado Federal. A lei 9883/99 elenca mais um cargo, o de Diretor-Geral da ABIN, como cargo de nomeação privativa do Presidente da República, mas que necessita da aprovação do Senado Federal.

**Art. 12.** A unidade técnica encarregada das ações de inteligência, hoje vinculada à Casa Militar da Presidência da República, fica absorvida pela ABIN.

§ 1º Fica o Poder Executivo autorizado a **transferir para a ABIN,** mediante alteração de denominação e especificação, os cargos e funções de confiança do Grupo-Direção e Assessoramento Superiores, as Funções Gratificadas e as Gratificações de Representação, da unidade técnica encarregada das ações de inteligência, alocados na Casa Militar da Presidência da República.

§ 2º O Poder Executivo disporá sobre a transferência, para a ABIN, do acervo patrimonial alocado à unidade técnica encarregada das ações de inteligência.

§ 3º Fica o Poder Executivo autorizado a remanejar ou transferir para a ABIN os saldos das dotações orçamentárias consignadas para as atividades de inteligência nos orçamentos da Secretaria de Assuntos Estratégicos e do Gabinete da Presidência da República.

1. **Transferência de saldos e dotações orçamentárias**: o referido artigo trata de transferência de cargos e dotações orçamentárias para ABIN. Com a criação do órgão fez-se necessário tal transferência para início de sua constituição e trabalhos. **Como se trata de um artigo que fala de transição, pouco provável de ser abordado numa prova de concurso.**

**Art. 13.** As **despesas decorrentes desta Lei** correrão à conta das dotações orçamentárias próprias.

Parágrafo único. O Orçamento Geral da União contemplará, anualmente, em rubrica específica, os recursos necessários ao desenvolvimento das ações de caráter sigiloso a cargo da ABIN.

1. **Despesas decorrentes da Lei**: segue aqui mais um artigo que trata da transição para este novo órgão ABIN. Trata de um dispositivo orçamentário onde o orçamento geral da União contemplará, anualmente, em rubrica específica, os recursos necessários ao desenvolvimento das ações de caráter sigiloso a cargo da ABIN. **Como se trata de um artigo que fala de transição, pouco provável de ser abordado numa prova de concurso.**

> **Art. 14.** As **atividades de controle interno** da ABIN, **inclusive as de contabilidade analítica**, serão exercidas pela **Secretaria de Controle Interno da Presidência da República.**
>
> Art. 15. Esta Lei entra em vigor na data de sua publicação.

1. **Controle externo das contas da ABIN**: a ABIN por ser órgão da Administração Pública federal sobre controle externo das contas pelo Congresso Nacional com auxílio do TCU como versa a Constituição Federal.
2. **Controle interno das contas da ABIN**: quanto ao controle interno a Lei 9.883/99 discorre que a mesma será feira pela Secretaria de Controle Interno da Presidência da República. Isso ocorre porque a ABIN é órgão integrante da Presidência da República, assim não incumbindo a ABIN, mas a Presidência, a análise de sua contabilidade analítica e controle interno.

# Decreto 4.376/2002 – Regulamenta a Lei 9.883/9199

Dispõe sobre a organização e o funcionamento do Sistema Brasileiro de Inteligência, instituído pela Lei nº 9.883, de 7 de dezembro de 1999, e dá outras providências.

**O PRESIDENTE DA REPÚBLICA**, no uso das atribuições que lhe confere o art. 84, incisos IV e VI, alínea "a", da Constituição, e tendo em vista o disposto na Lei nº 9.883, de 7 de dezembro de 1999,

**DECRETA:**

**Art. 1º** A organização e o funcionamento do **Sistema Brasileiro de Inteligência**, instituído pela Lei nº 9.883, de 7 de dezembro de 1999, obedecem ao disposto neste Decreto.

§ 1º O **Sistema Brasileiro de Inteligência tem por objetivo** integrar as ações de planejamento e execução da atividade de inteligência do País, com a finalidade de fornecer subsídios ao Presidente da República nos assuntos de interesse nacional.

§ 2º O Sistema Brasileiro de Inteligência **é responsável** pelo processo de obtenção e análise de dados e informações e pela produção e difusão de conhecimentos necessários ao processo decisório do Poder Executivo, em especial no tocante à segurança da sociedade e do Estado, bem como pela salvaguarda de assuntos sigilosos de interesse nacional.

1. **Sistema Brasileiro de Inteligência**: ver comentários do art. 1º da Lei 9883/99.

**Art. 2º** Para os efeitos deste Decreto, entende-se como **inteligência** a atividade de obtenção e análise de dados e informações e de produção e difusão de conhecimentos, dentro e fora do território nacional, relativos a fatos e situações de imediata ou potencial influência sobre o processo decisório, a ação governamental, a salvaguarda e a segurança da sociedade e do Estado.

1. **Conceito de inteligência**: ver comentários do art. 1º da Lei 9883/99.

**Art. 3º** Entende-se como **contrainteligência** a atividade que objetiva prevenir, detectar, obstruir e neutralizar a inteligência adversa e ações de qualquer natureza que constituam ameaça à salvaguarda de dados, informações e conhecimentos de interesse da segurança da sociedade e do Estado, bem como das áreas e dos meios que os retenham ou em que transitem.

1. **Conceito de Contrainteligência**: ver comentários do art. 1º da Lei 9883/99.

**Art. 4º** O Sistema Brasileiro de Inteligência **é composto** pelos seguintes **órgãos**: (Redação dada pelo Decreto nº 4.872, de 6.11.2003)

I – **Casa Civil da Presidência da República**, por meio de sua **Secretaria-Executiva**; (Redação dada pelo Decreto nº 7.803, de 2012)

II – **Gabinete de Segurança Institucional da Presidência da República**, **órgão de coordenação** das atividades de inteligência federal; (Redação dada pelo Decreto nº 9.209, de 2017)

III – **Agência Brasileira de Inteligência – ABIN**, do Gabinete de Segurança Institucional da Presidência da República, como **órgão central** do Sistema; (Redação dada pelo Decreto nº 9.209, de 2017)

IV – **Ministério da Justiça**, por meio do **Departamento de Recuperação de Ativos e Cooperação Jurídica Internacional da Secretaria Nacional de Justiça**; (Redação dada pelo Decreto nº 9.491, de 2018)

V – **Ministério da Defesa**, por meio **da Subchefia de Inteligência de Defesa, da Divisão de Inteligência Estratégico-Militar da Subchefia de Estratégia do Estado-Maior da Armada, do Centro de Inteligência da Marinha, do Centro de Inteligência do Exército, do Centro de Inteligência da Aeronáutica e do Centro Gestor e Operacional do Sistema de Proteção da Amazônia**; (Redação dada pelo Decreto nº 9.209, de 2017)

VI – **Ministério das Relações Exteriores**, por meio da **Secretaria-Geral de Relações Exteriores e da Divisão de Combate aos Ilícitos Transnacionais da Subsecretaria-Geral de Assuntos Políticos Multilaterais, Europa e América do Norte**; (Redação dada pelo Decreto nº 9.209, de 2017)

VII – **Ministério da Fazenda**, por meio da **Secretaria-Executiva do Conselho de Controle de Atividades Financeiras, da Secretaria da Receita Federal do Brasil, da Secretaria de Previdência, da Procuradoria-Geral da Fazenda Nacional e do Banco Central do Brasil**; (Redação dada pelo Decreto nº 9.491, de 2018)

VIII – **Ministério do Trabalho**, por **meio da sua Secretaria-Executiva**; (Redação dada pelo Decreto nº 9.209, de 2017)

IX – **Ministério da Saúde**, por meio do **Gabinete do Ministro de Estado e da Agência Nacional de Vigilância Sanitária – ANVISA**; (Redação dada pelo Decreto nº 4.872, de 6.11.2003)

XI – **Ministério da Ciência**, Tecnologia, Inovações e Comunicações, por **meio da Secretaria-Executiva**; (Redação dada pelo Decreto nº 9.209, de 2017)

XII – **Ministério do Meio Ambiente**, por meio da **Secretaria-Executiva e do Instituto Brasileiro do Meio Ambiente e dos Recursos Naturais Renováveis – IBAMA**; (Redação dada pelo Decreto nº 7.803, de 2012)

XIII – **Ministério da Integração Nacional**, por meio da **Secretaria Nacional de Proteção e Defesa Civil**; (Redação dada pelo Decreto nº 9.209, de 2017)

XIV – **Ministério da Transparência e Controladoria-Geral da União**, por meio da **Secretaria-Executiva**; (Redação dada pelo Decreto nº 9.491, de 2018)

XV – **Ministério da Agricultura, Pecuária e Abastecimento**, por meio de sua **Secretaria-Executiva**; (Redação dada pelo Decreto nº 8.149, de 2013)

XVII – **Ministério dos Transportes, Portos e Aviação Civil**, por meio da **Secretaria-Executiva, da Secretaria Nacional de Aviação Civil, da Agência Nacional de Aviação Civil, da Agência Nacional de Transportes Terrestres, da Agência Nacional de Transportes Aquaviários, da Empresa Brasileira de Infraestrutura Aeroportuária e do Departamento Nacional de Infraestrutura de Transportes**; (Redação dada pelo Decreto nº 9.491, de 2018)

XVIII – **Ministério de Minas e Energia**, por meio da **Secretaria-Executiva**; (Redação dada pelo Decreto nº 9.491, de 2018)

XIX – **Advocacia-Geral da União**; e (Redação dada pelo Decreto nº 9.491, de 2018)

XX – **Ministério da Segurança Pública**, por meio da **Secretaria Nacional de Segurança Pública, da Diretoria de Inteligência Policial do Departamento de Polícia Federal, do Departamento de Polícia Rodoviária Federal e do Departamento Penitenciário Nacional**. (Incluído pelo Decreto nº 9.491, de 2018)

Parágrafo único. **Mediante ajustes específicos e convênios**, ouvido o **competente órgão de controle externo da atividade de inteligência**, as **unidades da Federação poderão compor o Sistema Brasileiro de Inteligência.**

1. **Órgãos que compõem o SISBIN**: o artigo 4º do Decreto 4376/02 enumera os vários órgãos que compõem o SISBIN. Tal rol pode ser ampliado dependendo do interesse na área de inteligência e como versa o parágrafo único do artigo as unidades da Federação poderão compor o sistema, desde que ouvido o competente órgão de controle externo da atividade de inteligência.

2. **Quadro esquemático**:

| (Órgão **central** do SISBIN)<br>**ABIN** | (Órgão de **coordenação** do SISBIN)<br>**GABINETE DE SEGURANÇA INSTITUCIONAL – GSI** |
|---|---|
| **Casa Civil da Presidência da República**<br>(Secretaria-Executiva) | **Ministério da Justiça**<br>(Departamento de Recuperação de Ativos e Cooperação Jurídica Internacional da Secretaria Nacional de Justiça) |
| **Ministério da Defesa**<br>(Subchefia de Inteligência de Defesa, da Divisão de Inteligência Estratégico-Militar da Subchefia de Estratégia do Estado-Maior da Armada, do Centro de Inteligência da Marinha, do Centro de Inteligência do Exército, do Centro de Inteligência da Aeronáutica e do Centro Gestor e Operacional do Sistema de Proteção da Amazônia) | **Ministério das Relações Exteriores**<br>(Secretaria-Geral de Relações Exteriores e da Divisão de Combate aos Ilícitos Transnacionais da Subsecretaria-Geral de Assuntos Políticos Multilaterais, Europa e América do Norte) |
| **Ministério da Fazenda**<br>(Secretaria-Executiva do Conselho de Controle de Atividades Financeiras, da Secretaria da Receita Federal do Brasil, da Secretaria de Previdência, da Procuradoria-Geral da Fazenda Nacional e do Banco Central do Brasil) | **Ministério do Trabalho**<br>(Secretaria-Executiva) |
| **Ministério da Saúde**<br>(Gabinete do Ministro de Estado e da Agência Nacional de Vigilância Sanitária – ANVISA) | **Ministério da Ciência, Tecnologia, Inovações e Comunicações**<br>(Secretaria-Executiva) |
| **Ministério do Meio Ambiente**<br>(Secretaria-Executiva e do Instituto Brasileiro do Meio Ambiente e dos Recursos Naturais Renováveis – IBAMA) | **Ministério da Integração Nacional**<br>(Secretaria Nacional de Proteção e Defesa Civil) |

| | |
|---|---|
| **Ministério da Transparência e Controladoria-Geral da União** (Secretaria-Executiva) | **Ministério da Agricultura, Pecuária e Abastecimento** (Secretaria-Executiva) |
| **Ministério dos Transportes, Portos e Aviação Civil** (Secretaria-Executiva, da Secretaria Nacional de Aviação Civil, da Agência Nacional de Aviação Civil, da Agência Nacional de Transportes Terrestres, da Agência Nacional de Transportes Aquaviários, da Empresa Brasileira de Infraestrutura Aeroportuária e do Departamento Nacional de Infraestrutura de Transportes) | **Ministério de Minas e Energia** (Secretaria-Executiva) |
| **Advocacia-Geral da União** | **Ministério da Segurança Pública** (Secretaria Nacional de Segurança Pública, da Diretoria de Inteligência Policial do Departamento de Polícia Federal, do Departamento de Polícia Rodoviária Federal e do Departamento Penitenciário Nacional) |

- A estrutura apresentada acima poderá ser modificada após a aprovação, pelo Congresso, da MP 870/2019, que promoveu a Reforma Ministerial.

**Aplicação em concurso:**

- *ABIN/Agente Técnico de Inteligência– CESPE – 2010*

  "O Centro Gestor e Operacional do Sistema de Proteção da Amazônia (CENSIPAM) representa a Casa Civil da Presidência da República no SISBIN. Acerca dos direitos, obrigações e competências dos ocupantes de cargos e funções na ABIN, julgue os próximos itens, de acordo com o disposto na Lei nº 11.776/2008 e no Decreto n.º 6.408/2008".

  *Afirmativa errada. Importante ressaltar que o gabarito da banca deu a alternativa como correta. Realmente era o CENSIPAM que representava a Casa Civil da Presidência da República, porém com o Decreto nº 7.803/12 tal atribuição passou para a Secretaria Executiva.*

- *ABIN/Oficial Técnico de Inteligência– CESPE – 2018*

  "A supervisão da Política Nacional de Inteligência é exercida pelo Gabinete de Segurança Institucional da Presidência da República, cabendo a coordenação da atividade de inteligência federal à Agência Brasileira de Inteligência (ABIN)".

  *Afirmativa errada. Quem exerce a coordenação da atividade de inteligência é o GSI.*

**Art. 5º** O funcionamento do Sistema Brasileiro de Inteligência efetivar-se-á **mediante articulação coordenada dos órgãos** que o constituem, respeitada a autonomia funcional de cada um e observadas as normas legais pertinentes a segurança, sigilo profissional e salvaguarda de assuntos sigilosos.

1. **Funcionamento articulado dos órgãos do SISBIN**: órgãos que compõem o SISBIN funcionam de forma articulada, disseminando as informações imprescindíveis para subsidiar as decisões do Presidente da República.

2. **Autonomia funcional**: apesar de a ABIN ser o órgão central do SISBIN e o GSI ser o órgão de coordenação do sistema, os órgãos que integram o SISBIN possuem autonomia funcional interna observadas as normais legais pertinentes.

**Aplicação em concurso:**

- *ABIN/Agente de Inteligência– CESPE – 2008*

  "O Sistema Brasileiro de Inteligência funciona mediante articulação coordenada dos órgãos que o constituem, os quais não são dotados de autonomia funcional".

  *Afirmativa errada. Os órgãos que compõem o SISBIN são dotados de autonomia funcional.*

**Art. 6º Cabe aos órgãos que compõem o Sistema Brasileiro de Inteligência**, no âmbito de suas competências:

I – **produzir conhecimentos**, em atendimento às prescrições dos planos e programas de inteligência, decorrentes da Política Nacional de Inteligência;

II – **planejar e executar ações relativas** à obtenção e integração de dados e informações;

III – **intercambiar informações** necessárias à produção de conhecimentos relacionados com as atividades de inteligência e contrainteligência;

IV – **fornecer ao órgão central do Sistema**, para fins de integração, informações e conhecimentos específicos relacionados com a defesa das instituições e dos interesses nacionais; e

V – **estabelecer os respectivos mecanismos e procedimentos** particulares necessários às comunicações e ao intercâmbio de informações e conhecimentos no âmbito do Sistema, observando medidas e procedimentos de segurança e sigilo, sob coordenação da ABIN, com base na legislação pertinente em vigor.

## 1. Quadro esquemático das competências dos órgãos do SISBIN:

| | |
|---|---|
| **produzir conhecimentos**, em atendimento às prescrições dos planos e programas de inteligência, decorrentes da Política Nacional de Inteligência | **planejar e executar ações relativas** à obtenção e integração de dados e informações |
| **intercambiar informações** necessárias à produção de conhecimentos relacionados com as atividades de inteligência e contrainteligência | **fornecer ao órgão central do Sistema**, para fins de integração, informações e conhecimentos específicos relacionados com a defesa das instituições e dos interesses nacionais |
| **estabelecer os respectivos mecanismos e procedimentos** particulares necessários às comunicações e ao intercâmbio de informações e conhecimentos no âmbito do Sistema, observando medidas e procedimentos de segurança e sigilo, sob coordenação da ABIN, com base na legislação pertinente em vigor | |

**Art. 6º-A**. A ABIN poderá **manter, em caráter permanente, representantes** dos **órgãos componentes** do Sistema Brasileiro de Inteligência na Assessoria-Executiva do Sistema Brasileiro de Inteligência. (Redação dada pelo Decreto nº 9.209, de 2017)

§ 1º Para os fins do disposto no **caput**, a ABIN poderá requerer aos órgãos integrantes do Sistema Brasileiro de Inteligência **a designação** de representantes para atuarem na **Assessoria-Executiva do Sistema Brasileiro de Inteligência**. (Redação dada pelo Decreto nº 9.209, de 2017)

§ 2º A **Assessoria-Executiva do Sistema Brasileiro de Inteligência** terá por atribuição **coordenar a articulação do fluxo de dados e informações oportunas e de interesse da atividade de Inteligência de Estado, com a finalidade de subsidiar o Presidente da República em seu processo decisório**. (Redação dada pelo Decreto nº 9.209, de 2017)

§ 3º **Os representantes mencionados no caput cumprirão expediente na Assessoria-Executiva do Sistema Brasileiro de Inteligência**, ficando **dispensados** do exercício das atribuições habituais no órgão de origem e trabalhando em regime de disponibilidade permanente, na forma do disposto no regimento interno da ABIN, a ser proposto pelo seu Diretor-Geral e aprovado pelo Ministro de Estado Chefe do Gabinete de Segurança Institucional da Presidência da República. (Redação dada pelo Decreto nº 9.209, de 2017)

§ 4º Os representantes mencionados no **caput** poderão acessar, por meio eletrônico, as bases de dados de seus órgãos de origem, respeitadas as normas e limites de cada instituição e as normas legais pertinentes à segurança, ao sigilo profissional e à salvaguarda de assuntos sigilosos. (Incluído pelo Decreto nº 6.540, de 2008).

1. **Cessão de servidores para ABIN**: a ABIN poderá manter permanentemente integrantes dos outros órgãos que integram o SISBIN. Tais servidores atuarão na Assessoria Executiva do SISBIN.
2. **Atribuições da Assessoria Executiva do SISBIN**: coordenar a articulação do fluxo de dados e informações oportunas e de interesse da atividade de Inteligência de Estado.

**Art. 7º** Fica instituído, vinculado ao **Gabinete de Segurança Institucional da Presidência da República**, o **Conselho Consultivo** do Sistema Brasileiro de Inteligência, ao qual compete: (Redação dada pelo Decreto nº 9.209, de 2017)

I – **emitir pareceres** sobre a execução da Política Nacional de Inteligência;

II – **propor normas e procedimentos gerais** para o intercâmbio de conhecimentos e as comunicações entre os órgãos que constituem o Sistema Brasileiro de Inteligência, inclusive no que respeita à segurança da informação;

III – **contribuir** para o aperfeiçoamento da doutrina de inteligência;

IV – **opinar sobre propostas de integração** de novos órgãos e entidades ao Sistema Brasileiro de Inteligência;

V – **propor a criação e a extinção de grupos de trabalho** para estudar problemas específicos, com atribuições, composição e funcionamento regulados no ato que os instituir; e

VI – **propor ao seu Presidente o regimento interno**.

**1. Quadro esquemático (Assessoria Executiva e Conselho Consultivo):**

| | ASSESSORIA EXECUTIVA DO SISBIN | CONSELHO CONSULTIVO DO SISBIN |
|---|---|---|
| **FINALIDADE** | Coordenar a articulação do fluxo de dados e informações oportunas e de interesse da atividade de Inteligência de Estado, com a finalidade de subsidiar o Presidente da República em seu processo decisório. | I – emitir pareceres sobre a execução da Política Nacional de Inteligência;<br>II – propor normas e procedimentos gerais para o intercâmbio de conhecimentos e as comunicações entre os órgãos que constituem o Sistema Brasileiro de Inteligência, inclusive no que respeita à segurança da informação;<br>III – contribuir para o aperfeiçoamento da doutrina de inteligência;<br>IV – opinar sobre propostas de integração de novos órgãos e entidades ao Sistema Brasileiro de Inteligência;<br>V – propor a criação e a extinção de grupos de trabalho para estudar problemas específicos, com atribuições, composição e funcionamento regulados no ato que os instituir; e<br>VI – propor ao seu Presidente o regimento interno. |

| | | |
|---|---|---|
| COMPOSIÇÃO | Sem um detalhamento legal. A lei apenas diz:<br>– A ABIN poderá manter, em caráter permanente, representantes dos órgãos componentes do Sistema Brasileiro de Inteligência no Departamento de Integração do Sistema Brasileiro de Inteligência.<br>- ABIN poderá requerer aos órgãos integrantes do Sistema Brasileiro de Inteligência a designação de representantes para atuarem na Assessoria Executiva. | a) **Gabinete de Segurança Institucional da Presidência da República**;<br>b) ***Agência Brasileira de Inteligência*** – ABIN, do Gabinete de Segurança Institucional da Presidência da República;<br>c) Secretaria Nacional de Segurança Pública, Diretoria de Inteligência Policial do Departamento de Polícia Federal e Departamento de Polícia Rodoviária Federal, todos do ***Ministério da Segurança Pública***;<br>d) Subchefia de Inteligência de Defesa, Divisão de Inteligência Estratégico-Militar da Subchefia de Estratégia do Estado-Maior da Armada, Centro de Inteligência da Marinha, Centro de Inteligência do Exército, Centro de Inteligência da Aeronáutica, e Centro Gestor e Operacional do Sistema de Proteção da Amazônia, do **Ministério da Defesa**;<br>e) Divisão de Combate a Ilícitos Transnacionais, da Subsecretaria-Geral de Assuntos Políticos Multilaterais, Europa e América do Norte, do **Ministério das Relações Exteriores**;<br>f) Conselho de Controle de Atividades Financeiras e Secretaria da Receita Federal do Brasil, do **Ministério da Fazenda;** |

| | | |
|---|---|---|
| **REUNIÕES** | NÃO ESTÁ DISCIPLINADA NA NORMA | – Reunir-se-á, em caráter ordinário, **até três vezes por ano,** na sede da ABIN, em Brasília, e, extraordinariamente, sempre que convocado pelo seu Presidente ou a requerimento de um de seus membros;<br>- A critério do presidente do Conselho, as reuniões extraordinárias poderão ser realizadas fora da sede da ABIN;<br>- O Conselho reunir-se-á com a presença de, no mínimo, a **maioria de seus membros.** |
| **PARTICIPAÇÃO DE ÓRGÃOS QUE NÃO INTEGRAM O SISBIN** | NÃO ESTÁ DISCIPLINADA NA NORMA | - Mediante convite de qualquer **membro do Conselho,** representantes de outros órgãos ou entidades poderão participar das suas reuniões, como assessores ou observadores.<br>- O presidente do Conselho poderá convidar para participar das reuniões cidadãos de notório saber ou especialização sobre assuntos constantes da pauta |

**2. Observações importantes quanto ao quadro:**

**a)** O Departamento de Integração do SISBIN funcionará na ABIN.

**b)** Quem presidirá o Conselho Consultivo será o presidente do GSI.

**c)** A participação no Conselho não enseja nenhum tipo de remuneração e será considerada serviço de natureza relevante.

**d)** Aos membros do Conselho serão concedidas credenciais de segurança no grau "secreto".

**Aplicação em concurso:**

- *ABIN/Oficial Técnico de Inteligência– CESPE – 2010*

  "Exige-se, nas reuniões do conselho consultivo do SISBIN presença de, no mínimo, dois terços de seus membros".

  *Afirmativa errada. Segundo versa o artigo 9º, § 2º do Decreto 4376/02 o conselho se reunirá com, no mínimo, maioria dos seus membros e não dois terços.*

- *ABIN/Agente Técnico de Inteligência– CESPE – 2010*

  "O Gabinete de Segurança Institucional da Presidência da República é o órgão de coordenação das atividades de inteligência federal, cabendo ao seu chefe a presidência do Conselho Consultivo do SISBIN".

  *Afirmativa correta. É exatamente o que diz o artigo 4º, II e artigo 8º, §1º do Decreto 4376/02.*

- *ABIN/Oficial de Inteligência– CESPE – 2008*

  "O DISBI terá por atribuição coordenar a articulação do fluxo de dados e informações oportunas e de interesse da atividade de inteligência do Estado, com a finalidade de subsidiar o presidente da República em seu processo decisório".

  *Afirmativa errada. No gabarito original a questão estava correta, porém foi anulada porque no glossário da prova não tinha aparecia o significado da sigla DISBI. Atualmente na legislação não existe mais o Departamento de Integração do Sistema Brasileiro de Inteligência (DISBI), pois ele foi substituído pela Assessoria Executiva do SISBIN.*

**Art. 8º** São **membros do Conselho os titulares** dos seguintes órgãos: (Redação dada pelo Decreto nº 4.872, de 6.11.2003)

I – **Gabinete de Segurança Institucional da Presidência da República**; (Redação dada pelo Decreto nº 9.209, de 2017)

II – **ABIN, do Gabinete de Segurança Institucional da Presidência da República**; (Redação dada pelo Decreto nº 9.209, de 2017)

III – **Secretaria Nacional de Segurança Pública, Diretoria de Inteligência Policial do Departamento de Polícia Federal e Departamento de Polícia Rodoviária Federal, do Ministério da Segurança Pública**; (Redação dada pelo Decreto nº 9.491, de 2018)

IV – **Subchefia de Inteligência de Defesa, Divisão de Inteligência Estratégico-Militar da Subchefia de Estratégia do Estado-Maior da Armada,** Centro de Inteligência da Marinha, Centro de Inteligência do Exército,

Centro de Inteligência da Aeronáutica, e Centro Gestor e Operacional do Sistema de Proteção da Amazônia, do Ministério da Defesa; (Redação dada pelo Decreto nº 9.209, de 2017)

V – **Divisão de Combate a Ilícitos Transnacionais, da Subsecretaria-Geral de Assuntos Políticos Multilaterais, Europa e América do Norte, do Ministério das Relações Exteriores**; e (Redação dada pelo Decreto nº 9.209, de 2017)

VI – **Conselho de Controle de Atividades Financeiras e Secretaria da Receita Federal do Brasil, do Ministério da Fazenda**. (Redação dada pelo Decreto nº 9.209, de 2017)

§ 1º O **Conselho** é **presidido** pelo **Ministro de Estado Chefe do Gabinete de Segurança Institucional da Presidência da República**, que indicará seu substituto eventual. (Redação dada pelo Decreto nº 9.209, de 2017)

§ 2º Os membros do Conselho indicarão os respectivos suplentes.

§ 3º Aos **membros do Conselho** serão concedidas credenciais de **segurança no grau "secreto".**

1. **Membros do Conselho Consultivo**: ver quadro esquemático presente nos comentários do artigo 7º do Decreto 4376/02.

**Art. 9º** O Conselho **reunir-se-á**, em caráter **ordinário, até três vezes por ano**, na **sede da ABIN**, em Brasília, e, **extraordinariamente**, **sempre que convocado pelo seu Presidente** ou a requerimento de um de seus membros. (Redação dada pelo Decreto nº 4.872, de 6.11.2003)

§ 1º A critério do presidente do Conselho, as reuniões extraordinárias poderão ser realizadas fora da sede da ABIN.

§ 2º O Conselho **reunir-se-á com a presença** de, **no mínimo, a maioria de seus membros.**

§ 3º Mediante **convite de qualquer membro do Conselho**, representantes de outros órgãos ou entidades poderão participar das suas reuniões, como assessores ou observadores.

§ 4º O **presidente do Conselho** poderá **convidar** para participar das reuniões **cidadãos de notório saber ou especialização sobre assuntos constantes da pauta.**

§ 5º As despesas com deslocamento e estada dos membros do Conselho correrão à custa de recursos dos órgãos que representam, salvo na hipótese do § 4º ou em casos excepcionais, quando correrão à custa dos recursos da ABIN.

§ 6º **A participação no Conselho não enseja nenhum tipo de remuneração e será considerada serviço de natureza relevante.**

1. **Reuniões do Conselho Consultivo**: ver quadro esquemático presente nos comentários do artigo 7º do Decreto 4376/02.

**Art. 10**. Na **condição de órgão central** do Sistema Brasileiro de Inteligência, a ABIN tem a seu cargo:

I – **estabelecer as necessidades de conhecimentos específicos,** a serem produzidos pelos órgãos que constituem o Sistema Brasileiro de Inteligência, e consolidá-las no Plano Nacional de Inteligência;

II – **coordenar a obtenção de dados e informações e a produção de conhecimentos** sobre temas de competência de mais de um membro do Sistema Brasileiro de Inteligência, promovendo a necessária interação entre os envolvidos;

III – **acompanhar a produção de conhecimentos**, por meio de solicitação aos membros do Sistema Brasileiro de Inteligência, para assegurar o atendimento da finalidade legal do Sistema;

IV – **analisar os dados, informações e conhecimentos recebidos**, com vistas a verificar o atendimento das necessidades de conhecimentos estabelecidas no Plano Nacional de Inteligência;

V – **integrar as informações e os conhecimentos** fornecidos pelos membros do Sistema Brasileiro de Inteligência;

VI – **solicitar dos órgãos e entidades da Administração Pública Federal os dados, conhecimentos, informações ou documentos necessários ao atendimento da finalidade legal do Sistema**;

VII – **promover o desenvolvimento de recursos humanos e tecnológicos e da doutrina de inteligência**, realizar estudos e pesquisas para o exercício e aprimoramento da atividade de inteligência, em coordenação com os demais órgãos do Sistema Brasileiro de Inteligência;

VIII – **prover suporte técnico e administrativo às reuniões do Conselho e ao funcionamento dos grupos de trabalho**, solicitando, se preciso, aos órgãos que constituem o Sistema colaboração de servidores por tempo determinado, observadas as normas pertinentes; e

IX – **representar** o Sistema Brasileiro de Inteligência **perante o órgão de controle externo da atividade de inteligência.**

Parágrafo único. Excetua-se das atribuições previstas neste artigo a atividade de inteligência operacional necessária ao planejamento e à condução de campanhas e operações militares das Forças Armadas, no interesse da defesa nacional.

**Art. 11**. Este Decreto **entra em vigor** na data de sua publicação.

## 1. Quadro esquemático das funções da ABIN:

| **FUNÇÕES DA ABIN (Na condição de órgão central do SISBIN)** | |
|---|---|
| A) **estabelecer as necessidades de conhecimentos específicos,** a serem produzidos pelos órgãos que constituem o Sistema Brasileiro de Inteligência, e consolidá-las no Plano Nacional de Inteligência. | B) **coordenar a obtenção de dados e informações e a produção de conhecimentos** sobre temas de competência de mais de um membro do Sistema Brasileiro de Inteligência, promovendo a necessária interação entre os envolvidos. |
| C) **acompanhar a produção de conhecimentos**, por meio de solicitação aos membros do Sistema Brasileiro de Inteligência, para assegurar o atendimento da finalidade legal do Sistema. | D) **analisar os dados, informações e conhecimentos recebidos**, com vistas a verificar o atendimento das necessidades de conhecimentos estabelecidas no Plano Nacional de Inteligência. |
| E) **integrar as informações e os conhecimentos** fornecidos pelos membros do Sistema Brasileiro de Inteligência. | F) **solicitar dos órgãos e entidades da Administração Pública Federal os dados, conhecimentos, informações ou documentos necessários ao atendimento da finalidade legal do Sistema.** |
| G) **promover o desenvolvimento de recursos humanos e tecnológicos e da doutrina de inteligência**, realizar estudos e pesquisas para o exercício e aprimoramento da atividade de inteligência, em coordenação com os demais órgãos do Sistema Brasileiro de Inteligência. | H) **prover suporte técnico e administrativo às reuniões do Conselho e ao funcionamento dos grupos de trabalho**, solicitando, se preciso, aos órgãos que constituem o Sistema colaboração de servidores por tempo determinado, observadas as normas pertinentes. |
| I) **representar** o Sistema Brasileiro de Inteligência **perante o órgão de controle externo da atividade de inteligência.** | |

2. **Dica importante:** percebam que as funções da ABIN são àqueles inerentes ao próprio Sistema Brasileiro de Inteligência, porém a última função elencada pode ser um *"peguinha"* colocado em prova. Observe que cabe a ABIN fazer a comunicação entre o SISBIN e o órgão de controle externo da atividade de inteligência, porém examinador pode dizer que cabe ao

GSI fazer tal comunicação que é uma inverdade. Assim, é importante que vocês estejam bem atentos no momento de responder a questão.

**Aplicação em concurso:**

- *ABIN/Agente Técnico de Inteligência– CESPE – 2010*

  "Entre as atribuições da ABIN, incluem-se o desenvolvimento de recursos humanos e tecnológicos e da doutrina de inteligência, bem como a realização de estudos e pesquisas para o exercício e aprimoramento das atividades de inteligência, em coordenação com os demais órgãos do SISBIN".

  *Afirmativa correta. É o que apresenta o artigo 10, VII do Decreto 4376/02.*

- *ABIN/Agente Técnico de Inteligência– CESPE – 2010*

  "O SISBIN, instituído para integrar as ações de planejamento e execução das atividades de inteligência do país, fornece subsídios ao presidente da República nos assuntos de interesse nacional, cabendo à ABIN, órgão central do sistema, estabelecer as necessidades de conhecimentos específicos a serem produzidos pelos órgãos que o compõem e consolidá-los no Plano Nacional de Inteligência".

  *Afirmativa correta. É o que apresenta o artigo 10, I do Decreto 4376/02.*

- *ABIN/Oficial Técnico de Inteligência– CESPE – 2018*

  "A incumbência da ABIN de integrar as informações e os conhecimentos fornecidos pelos membros do SISBIN inclui as atividades operacionais necessárias ao planejamento e à condução das operações militares das Forças Armadas, quando houver interesse da defesa nacional".

  *Afirmativa errada. Não cabe a ABIN a condução de operações militares, tal atribuição é das Forças Armadas.*

- *ABIN/Oficial Técnico de Inteligência– CESPE – 2018*

  "À ABIN, órgão central do SISBIN, cabe a representação desse sistema perante o órgão de controle externo da atividade de inteligência".

  *Afirmativa correta. É o que apresenta o artigo 10, IX do Decreto 4376/02.*

# Decreto 8.793/16 – Fixa a Política Nacional de Inteligência

Fixa a **Política Nacional de Inteligência**.

**O VICE-PRESIDENTE DA REPÚBLICA**, no exercício do cargo de Presidente da República, no uso das atribuições que lhe confere o art. 84, **caput**, inciso VI, alínea "a", da Constituição,

**DECRETA:**

**Art. 1º** A **Política Nacional de Inteligência – PNI**, fixada na forma do Anexo, visa a definir os parâmetros e os limites de atuação da atividade de inteligência e de seus executores no âmbito do Sistema Brasileiro de Inteligência, nos termos estabelecidos pela Lei nº 9.883, de 7 de dezembro de 1999.

1. **Política Nacional de Inteligência**: tem por objetivo definir os parâmetros e limites de atuação da atividade de inteligência.

**Art. 2º** Compete ao Gabinete de Segurança Institucional da Presidência da República a **coordenação** das atividades de inteligência no âmbito da administração pública federal.

1. **Gabinete de Segurança Institucional (GSI):** ver quadro esquemático presente no comentário do artigo 4º do Decreto 4.376/02.

**Art. 3º Os órgãos e as entidades da administração pública** federal deverão considerar, em seus planejamentos, as ações que concorram para o fortalecimento do Sistema Brasileiro de Inteligência.

**Art. 4º** Este Decreto **entra em vigor** na data de sua publicação.

1. **Fortalecimento do SISBIN:** ver comentário do artigo 1º e 2º da Lei 9.883/99.

**Atenção!** Resolvemos por uma questão didática apresentar na íntegra **a Política Nacional de Inteligência (PNI)**, pois o referido tema recorrentemente vem sendo cobrado nas provas de concurso.

## 1. INTRODUÇÃO

A **Política Nacional de Inteligência (PNI)**, documento de mais alto nível de orientação da atividade de Inteligência no País, foi concebida em função dos valores e princípios fundamentais consagrados pela Constituição Federal, das obrigações decorrentes dos tratados, acordos e demais instrumentos internacionais de que o Brasil é parte, das condições de inserção internacional do País e de sua organização social, política e econômica. É fixada pelo Presidente da República, após exame e sugestões do competente órgão de controle externo da atividade de Inteligência, no âmbito do Congresso Nacional.

A PNI define os parâmetros e limites de atuação da atividade de Inteligência e de seus executores e estabelece seus pressupostos, objetivos, instrumentos e diretrizes, no âmbito do Sistema Brasileiro de Inteligência (SISBIN).

Para efeito da implementação da PNI, adotam-se os seguintes conceitos:

**Atividade de Inteligência:** exercício permanente de ações especializadas, voltadas para a produção e difusão de conhecimentos, com vistas ao assessoramento das autoridades governamentais nos respectivos níveis e áreas de atribuição, para o planejamento, a execução, o acompanhamento e a avaliação das políticas de Estado. A atividade de Inteligência divide-se, fundamentalmente, em dois grandes ramos:

**I – Inteligência:** atividade que objetiva produzir e difundir conhecimentos às autoridades competentes, relativos a fatos e situações que ocorram dentro e fora do território nacional, de imediata ou potencial influência sobre o processo decisório, a ação governamental e a salvaguarda da sociedade e do Estado;

**II – Contrainteligência:** atividade que objetiva prevenir, detectar, obstruir e neutralizar a Inteligência adversa e as ações que constituam ameaça à salvaguarda de dados, conhecimentos, pessoas, áreas e instalações de interesse da sociedade e do Estado.

## 2. PRESSUPOSTOS DA ATIVIDADE DE INTELIGÊNCIA

### 2.1. Obediência à Constituição Federal e às Leis

A **Inteligência** desenvolve suas atividades em estrita obediência ao ordenamento jurídico brasileiro, pautando-se pela fiel observância aos Princípios, Direitos e Garantias Fundamentais expressos na Constituição Federal, em prol do bem-comum e na defesa dos interesses da sociedade e do Estado Democrático de Direito.

### 2.2. Atividade de Estado

A **Inteligência** é **atividade exclusiva** de Estado e constitui instrumento de assessoramento de mais alto nível de seus sucessivos governos, naquilo que diga respeito aos interesses da sociedade brasileira. Deve atender precipuamente ao Estado, não se colocando a serviço de grupos, ideologias e objetivos mutáveis e sujeitos às conjunturas político-partidárias.

### 2.3. Atividade de assessoramento oportuno

À **Inteligência** compete contribuir com as autoridades constituídas, fornecendo-lhes informações oportunas, abrangentes e confiáveis, necessárias ao exercício do processo decisório.

Cumpre à **Inteligência** acompanhar e avaliar as conjunturas interna e externa, buscando identificar fatos ou situações que possam resultar em ameaças ou riscos aos interesses da sociedade e do Estado. O trabalho da Inteligência deve permitir que o Estado, de forma antecipada, mobilize os esforços necessários para fazer frente às adversidades futuras e para identificar oportunidades à ação governamental.

### 2.4 Atividade especializada

**A Inteligência** é uma atividade especializada e tem o seu exercício alicerçado em um conjunto sólido de valores profissionais e em uma doutrina comum.

A atividade de Inteligência exige o emprego de meios sigilosos, como forma de preservar sua ação, seus métodos e processos, seus profissionais e suas fontes. Desenvolve ações de caráter sigiloso destinadas à obtenção de dados indispensáveis ao processo decisório, indisponíveis para coleta ordinária em razão do acesso negado por seus detentores. Nesses casos, a atividade de Inteligência executa *operações de Inteligência* – realizadas sob estrito amparo legal -, que buscam, por meio do emprego de técnicas especializadas, a obtenção do dado negado.

### 2.5. Conduta Ética

A **Inteligência pauta-se pela conduta ética**, que pressupõe um conjunto de princípios orientadores do comportamento humano em sociedade. A sua observância é requisito fundamental a profissionais de qualquer campo de atividade humana. No que concerne ao comportamento dos profissionais de Inteligência, representa o cuidado com a preservação dos valores que determinam a primazia da verdade, sem conotações relativas, da honra e da conduta pessoal ilibada, de forma clara e sem subterfúgios.

Na atividade de Inteligência, os valores éticos devem balizar tanto os limites de ação de seus profissionais quanto os de seus usuários. A adesão incondicional a essa premissa é o que a sociedade espera de seus dirigentes e servidores.

### 2.6. Abrangência

A **atividade de Inteligência** deve possuir abrangência tal que lhe possibilite identificar ameaças, riscos e oportunidades ao País e à sua população.

**Aplicação em concurso:**

- *ABIN/Oficial Técnico de Inteligência– CESPE – 2018*

  A inteligência é uma atividade que deve possuir abrangência para identificar oportunidades à população do país.

  *Afirmativa correta.*

A inteligência é uma atividade que deve possuir abrangência para identificar oportunidades à população do país.

É importante que as capacidades individuais e coletivas, disponíveis nas universidades, centros de pesquisa e demais instituições e organizações públicas ou privadas, colaborem com a Inteligência, potencializando sua atuação e contribuindo com a sociedade e o Estado na persecução de seus objetivos.

### 2.7. Caráter permanente

**A Inteligência é uma atividade perene** e sua existência confunde-se com a do Estado ao qual serve. A necessidade de assessorar o processo decisório e de salvaguardar os ativos estratégicos da Nação é ditada pelo Estado, em situações de paz, de conflito ou de guerra.

## 3. O ESTADO, A SOCIEDADE E A INTELIGÊNCIA

No mundo contemporâneo, a **gestão dos negócios** de Estado ocorre no curso de uma crescente evolução tecnológica, social e gerencial. Em igual medida, as opiniões, interesses e demandas da sociedade evoluem com celeridade. Nessas condições, amplia-se o papel da Inteligência no assessoramento ao processo decisório nacional e, simultaneamente, impõe-se aos profissionais dessa atividade o desafio de reavaliar, de forma ininterrupta, sua contribuição àquele processo no contexto da denominada "era da informação". Em meio a esse cenário, há maior disponibilidade de informações acerca de temas de interesse, exigindo dos órgãos de Inteligência atuação não concorrente, bem como a produção de análises com maior valor agregado.

O desenvolvimento das tecnologias da informação e das comunicações impõe a atualização permanente de meios e métodos, obrigando os órgãos de Inteligência – no que se refere à segurança dos sistemas de processamento, armazenamento e proteção de dados sensíveis – **a resguardar o patrimônio nacional de ataques cibernéticos** e de outras ações adversas, cada vez mais centradas na área econômico-tecnológica. **A crescente interdependência dos processos produtivos e dos sistemas de controle da tecnologia da informação e comunicações** desperta preocupação quanto à segurança do Estado e da sociedade, em decorrência da vulnerabilidade a ataques eletrônicos, ensejando atenção permanente da Inteligência em sua proteção.

**Aplicação em concurso:**

- *ABIN/Agente de Inteligência– CESPE – 2018*

  A expansão da capacidade operacional da inteligência no espaço cibernético é diretriz da PNI, haja vista a rede mundial de computadores ser um espaço privilegiado de discussões.

  *Afirmativa correta.*

Os atuais **cenários internacional e nacional** revelam peculiaridades que induzem a atividade de Inteligência a redefinir suas prioridades, dentre as quais adquirem preponderância aquelas relacionadas a questões econômico-comerciais e científico-tecnológicas. Nesse contexto, assumem contornos igualmente preocupantes os aspectos relacionados com a espionagem, propaganda adversa, desinformação, a sabotagem e a cooptação.

Paralelamente, potencializa-se **o interesse da Inteligência** frente a fenômenos como: violência, em larga medida financiada por organizações criminosas ligadas ao narcotráfico; crimes financeiros internacionais; violações dos direitos humanos; terrorismo e seu financiamento; e atividades ilegais envolvendo o comércio de bens de uso dual e de tecnologias sensíveis, que desafiam os Estados democráticos.

Ao desenvolverem o seu trabalho, os **órgãos de Inteligência** devem, também, atentar para a identificação de oportunidades que possam surgir para o Estado, indicando-as às autoridades detentoras de poder decisório.

**A crescente complexidade** das relações entre Estados e desses com as sociedades define o ambiente onde atua a Inteligência. Ameaças à segurança da sociedade e do Estado demandam ações preventivas concertadas entre os organismos de Inteligência de diferentes países, e desses com suas estruturas internas. Esse universo acentua a importância do compartilhamento de informações e do trabalho coordenado e integrado, de forma a evitar a deflagração de crises em áreas de interesse estratégico para o Estado ou, quando inevitável, a oferecer às autoridades o assessoramento capaz de permitir o seu adequado gerenciamento.

## 4. OS AMBIENTES INTERNACIONAL E NACIONAL

A **conjuntura mundial tem alterado** a percepção e a conduta dos Estados nacionais, das organizações e dos indivíduos, realçando os chamados temas globais e transnacionais. Alguns deles, já anteriormente citados, encerram desafios e graves ameaças, a exemplo de: criminalidade organizada; narcotráfico; terrorismo e seu financiamento; armas de destruição em massa; e atividades ilegais envolvendo comércio de bens de uso dual e de tecnologias sensíveis. Nenhum dos problemas associados a esses temas globais pode ser evitado ou enfrentado sem efetiva cooperação internacional.

No entanto, as relações internacionais não se resumem ao exame de temas de convergência e a ações cooperativas, e as denominadas ameaças transnacionais não logram unir e congraçar os Estados em torno de interesses e objetivos comuns. **O ambiente internacional caracteriza-se, ao contrário,** pela contínua competição entre Estados. Cada um busca melhorar seu respectivo posicionamento estratégico.

**O Brasil assume crescente relevância no cenário internacional**. No campo econômico, integra um bloco de países que apresenta considerável potencial de crescimento e capacidade de atração de investimentos produtivos. Na área comercial, emerge como destacado exportador de produtos primários e de produtos de alto valor agregado. Conquistada a estabilidade econômica, sua moeda ganha credibilidade, seu sistema bancário goza de sólida reputação e sua estrutura regulatória sobressai entre as mais confiáveis do mundo.

No campo político-militar, o **País contribui para a estabilidade regional,** a construção de consensos e a conciliação de interesses, por meio de iniciativas de integração sulamericana. Concorre para o êxito das operações de manutenção da paz da Organização das Nações Unidas (ONU) e dispõe-se a assumir novas responsabilidades no âmbito dessa organização.

Esse cenário projeta benefícios para a população brasileira sob todos os aspectos, especialmente nos campos político, econômico e social. Também torna o País suscetível à perpetração de ações adversas de vários tipos, quer no âmbito interno, quer externo.

Cumpre ressaltar que a **complexidade global** já não permite clara diferenciação de aspectos internos e externos na identificação da origem das ameaças e aponta, cada vez mais, para a necessidade de que sejam entendidas, analisadas e avaliadas de forma integrada.

Afigura-se, assim, imprescindível o delineamento de uma Política capaz de orientar e balizar a atividade de Inteligência do País, visando ao adequado assessoramento ao processo decisório nacional de forma singular, oportuna e eficaz. Esse instrumento de gestão pública deve guardar perfeita sintonia com os preceitos da **Política Externa Brasileira** e com os interesses estratégicos definidos pelo Estado, como aqueles consignados na Política de Defesa Nacional e na Estratégia Nacional de Defesa.

É necessário, ainda, ampliar o desenvolvimento de ações de proteção dos conhecimentos **sensíveis e da infraestrutura crítica nacional**, bem como contrapor-se ao surgimento de ameaças representadas tanto por serviços de Inteligência, quanto por grupos de interesse, organizações ou indivíduos que atuem de forma adversa aos interesses estratégicos nacionais.

## 5. INSTRUMENTOS

Para efeito da presente Política, consideram-se **instrumentos da Inteligência** os atos normativos, instituições, métodos, processos, ações e recursos necessários à implementação dos seus objetivos.

São **instrumentos essenciais** da Inteligência nacional:

I – Plano Nac**ional de Inteligência;**

**II – Doutrina Nacional de Inteligência;**

**III – diretivas e prioridades estabelecidas pelas autoridades competentes;**

**IV – SISBIN e órgãos de Inteligência que o integram;**

**V – intercâmbio de dados e conhecimentos no âmbito do SISBIN, nos termos da legislação em vigor;**

**VI – planejamento integrado do regime de cooperação entre órgãos integrantes do SISBIN;**

**VII – capacitação**, formação e desenvolvimento de pessoas para a atividade de Inteligência;

VIII – pesquisa e desenvolvimento tecnológico para as áreas de Inteligência e **Contrainteligência;**

IX – ajustes de cooperação mediante instrumentos específicos entre ór**gãos ou entidades integrantes da Administração Pública Federal (APF), das Unidades da Federação ou da iniciativa privada;**

**X – recursos financeiros necessários à consecução das atividades de Inteligência;**

**Aplicação em concurso:**

- *ABIN/Agente de Inteligência– CESPE – 2018*

  "A elaboração de atos normativos e a disponibilização de recursos financeiros para atividades de inteligência são considerados instrumentos da inteligência previstos na PNI".

  *Afirmativa correta.*

XI – controle interno e externo da atividade de Inteligência; e

XII – intercâmbio de Inteligência e cooperação técnica internacionais.

## 6. PRINCIPAIS AMEAÇAS

Para efeito da presente Política, consideram-se **principais ameaças** aquelas que apresentam potencial capacidade de pôr em perigo a integridade da sociedade e do Estado e a segurança nacional do Brasil.

A PNI, para o balizamento das atividades dos diversos órgãos que integram o Sistema Brasileiro de Inteligência (SISBIN), prioriza as ameaças a seguir apresentadas.

### 6.1. Espionagem

É a **ação** que visa à obtenção de **conhecimentos ou dados sensíveis** para beneficiar Estados, grupos de países, organizações, facções, grupos de interesse, empresas ou indivíduos.

**Ações de espionagem** podem afetar o desenvolvimento socioeconômico e comprometer a soberania nacional. Há instituições e empresas brasileiras vulneráveis à espionagem, notadamente aquelas que atuam nas áreas econômico-financeira e científico-tecnológica. O acesso indevido a dados e conhecimentos sensíveis em desenvolvimento, bem como a interceptação ilegal de comunicações entre organizações para a obtenção de informações estratégicas, têm sido recorrentes e causado significativa evasão de divisas.

### 6.2. Sabotagem

É a **ação deliberada**, com efeitos físicos, materiais ou psicológicos, que visa a destruir, danificar, comprometer ou inutilizar, total ou parcialmente, definitiva ou temporariamente, dados ou conhecimentos; ferramentas; materiais; matérias-primas; equipamentos; cadeias produtivas; instalações ou sistemas logísticos, sobretudo aqueles necessários ao funcionamento da infraestrutura crítica do País, com o objetivo de suspender ou paralisar o trabalho ou a capacidade de satisfação das necessidades gerais, essenciais e impreteríveis do Estado ou da população.

A **projeção internacional do País** e sua influência em vários temas globais atraem a atenção daqueles cujas pretensões se veem ameaçadas pelo processo de desenvolvimento nacional. A ocorrência de ações de sabotagem pode impedir ou dificultar a consecução de interesses estratégicos brasileiros.

### 6.3. Interferência Externa

É a **atuação deliberada de governos,** grupos de interesse, pessoas físicas ou jurídicas que possam influenciar os rumos políticos do País com o objetivo de favorecer interesses estrangeiros em detrimento dos nacionais.

É prejudicial à sociedade brasileira que ocorra **interferência externa** no processo decisório ou que autoridades brasileiras sejam levadas a atuar contra os interesses nacionais e em favor de objetivos externos antagônicos. A interferência externa é uma ameaça frontal ao princípio constitucional da soberania.

Deve constituir também motivo de constante atenção e preocupação a eventual **presença militar extrarregional** na América do Sul, podendo ser caracterizada como ameaça à estabilidade regional.

### 6.4. Ações contrárias à Soberania Nacional

São **ações que atentam** contra a autodeterminação, a não-ingerência nos assuntos internos e o respeito incondicional à Constituição e às leis.

Deve constituir preocupação constante do Estado e de seus governantes, e requerer a **atenção da Inteligência nacional**, a violação: dos espaços territorial e aéreo brasileiros; de suas fronteiras marítimas e terrestres; da segurança dos navios e aeronaves de bandeira brasileira, à luz das Convenções em vigor no País; dos direitos exclusivos sobre sua plataforma continental; do seu direito sobre seus recursos naturais; e do seu direito soberano de regular a exploração e de usufruir de sua biodiversidade.

### 6.5. Ataques cibernéticos

Referem-se a **ações deliberadas** com o emprego de **recursos da tecnologia da informação e comunicações** que visem a interromper, penetrar, adulterar ou destruir redes utilizadas por setores públicos e privados essenciais à sociedade e ao Estado, a exemplo daqueles pertencentes à infraestrutura crítica nacional.

Os prejuízos das ações no espaço cibernético não advêm apenas do comprometimento de recursos da tecnologia da informação e comunicações. Decorrem, também, da manipulação de opiniões, mediante ações de propaganda ou de desinformação.

Há países que buscam abertamente desenvolver capacidade de atuação na denominada **guerra cibernética**, ainda que os ataques dessa natureza possam ser conduzidos não apenas por órgãos governamentais, mas também por grupos e organizações criminosas; por simpatizantes de causas específicas; ou mesmo por nacionais que apoiem ações antagônicas aos interesses de seus países.

### 6.6. Terrorismo

É uma **ameaça** à paz e à segurança dos Estados. O Brasil solidariza-se com os países diretamente afetados por este fenômeno, condena enfaticamente as ações terroristas e é signatário de todos os instrumentos internacionais sobre a matéria. Implementa as resoluções pertinentes do Conselho de Segurança da Organização das Nações Unidas. A temática é área de especial interesse e de acompanhamento sistemático por parte da Inteligência em âmbito mundial.

A **prevenção e o combate a ações terroristas e a seu financiamento**, visando a evitar que ocorram em território nacional ou que este seja utilizado para a prática daquelas ações em outros países, somente serão possíveis se realizados de forma coordenada e compartilhada entre os serviços de Inteligência nacionais e internacionais e, em âmbito interno, em parceria com os demais órgãos envolvidos nas áreas de defesa e segurança.

### 6.7. Atividades ilegais envolvendo bens de uso dual e tecnologias sensíveis

São **ameaças crescentes** que atingem países produtores desses bens e detentores dessas tecnologias, em especial nas áreas química, biológica e nuclear. O Brasil insere-se nesse contexto. As redes criminosas e terroristas buscam ter acesso, na maioria das vezes de forma regular, porém dissimulada, a esses bens e tecnologias. Para tanto, utilizam-se, entre outros meios, de empresas ou instituições de fachada criadas legalmente ao redor do mundo para tentar burlar controles executados por órgãos de Inteligência e de repressão em conformidade com a legislação brasileira e com os compromissos internacionais assumidos pelo País.

O **trabalho da Inteligência** nessa área é identificar essas redes, grupos, empresas ou instituições, seus *modus operandi* e objetivos ao tentar ter acesso a bens de uso dual e tecnologias sensíveis, assim como aos detentores desses conhecimentos.

O **controle das tecnologias de uso dual** deve dar-se de modo a preservar o direito ao desenvolvimento científico e tecnológico para fins pacíficos, de acordo com os instrumentos internacionais incorporados ao ordenamento jurídico nacional. O País adota legislação avançada de controle de transferência dessas tecnologias.

### 6.8. Armas de Destruição em Massa

Constituem **ameaça** que atinge a todos os países. A **existência de armas** de destruição em massa (químicas, biológicas e nucleares) é, em si mesma, uma fonte potencial de proliferação, além de representar risco à paz mundial e aos países que abdicaram da opção por essas armas para sua defesa.

Para contrapor-se à **ameaça** representada pelas armas de destruição em massa, sobressaem dois imperativos: a não-proliferação e a eliminação dos estoques existentes.

A **implementação de ações de Inteligência** nessa área é fator determinante e contribui para a proteção da população brasileira e das infraestruturas críticas em território nacional contra possíveis efeitos do emprego de armas ou artefatos produzidos a partir desses bens ou tecnologias.

### 6.9. Criminalidade Organizada

**É ameaça a todos os Estados** e merece atenção especial dos órgãos de Inteligência e de repressão nacionais e internacionais. A incidência desse fenômeno, notadamente em sua vertente transnacional, reforça a necessidade de aprofundar a cooperação. Apesar dos esforços individuais e coletivos das nações, não se projetam resultados que apontem para a redução desse flagelo global em curto e médio prazo.

A **atuação** cada vez mais **integrada** nas vertentes preventiva (Inteligência) e reativa (Policial) mostra ser a forma mais efetiva de enfrentar esse fenômeno, inclusive no que diz respeito a subsidiar os procedimentos de identificação e interrupção dos fluxos financeiros que lhe dão sustentação. Atualmente, a grande maioria dos países desenvolve e aprofunda o intercâmbio de dados e conhecimentos entre os órgãos de Inteligência e de repressão em âmbito nacional e internacional.

### 6.10. Corrupção

**A corrupção é um fenômeno mundial** capaz de produzir a erosão das instituições e o descrédito do Estado como agente a serviço do interesse nacional. Pode ter, nos polos ativo e passivo, agentes públicos e privados.

Cabe à **Inteligência cooperar** com os órgãos de controle e com os governantes na prevenção, identificação e combate à corrupção em suas diversas manifestações, inclusive quando advindas do campo externo, que colocam em risco o interesse público.

### 6.11. Ações Contrárias ao Estado Democrático de Direito

Representam **ameaça** que deve merecer especial atenção de todos os entes governamentais, em particular daqueles com atribuições institucionais de garantir a defesa do Estado Democrático de Direito.

As **ações contrárias** ao Estado Democrático de Direito são aquelas que atentam contra o pacto federativo; os direitos e garantias fundamentais; a dignidade da pessoa humana; o bem-estar e a saúde da população; o pluralismo político; o meio ambiente e as infraestruturas críticas do País, além de outros atos ou atividades que representem ou possam representar risco aos preceitos constitucionais relacionados à integridade do Estado.

**Identificar essas ações** e informar às autoridades governamentais competentes é tarefa primordial da atividade de Inteligência, que assim estará proporcionando aos governantes o subsídio adequado e necessário ao processo de tomada de decisão.

## 7. OBJETIVOS DA INTELIGÊNCIA NACIONAL

Contribuir para a **promoção da segurança** e dos interesses do Estado e da sociedade brasileira, por meio de atividades e da produção de conhecimentos de Inteligência que possibilitem:

I – acompanhar e avaliar as conjunturas interna e externa, assessorando o processo decisório nacional e a ação governamental;

II – identificar fatos ou situações que possam resultar em ameaças, riscos ou oportunidades;

III – neutralizar ações da Inteligência adversa;

IV – proteger áreas e instalações, sistemas, tecnologias e conhecimentos sensíveis, bem como os detentores desses conhecimentos; e

V – conscientizar a sociedade para o permanente aprimoramento da atividade de Inteligência.

## 8. DIRETRIZES

### 8.1. Prevenir ações de espionagem no País

O desenvolvimento de ações destinadas à **obtenção de dados protegidos** é fato usual e consolidado nas relações internacionais.

A **diversidade de interesses** e iniciativas com impacto regional e global vem aumentando continuamente.

**Segredos militares**, industriais (inovação e tecnologia) e de política externa são alvos preferenciais da espionagem estrangeira. Faz-se necessário identificar, avaliar e interpretar posturas externas, elencando aquelas que representem ameaças, prejuízos e comprometimento das políticas e planos nacionais.

### 8.2. Ampliar a capacidade de detectar, acompanhar e informar sobre ações adversas aos interesses do Estado no exterior

O Brasil vem ampliando a sua atuação no **cenário internacional** e, não raro, ações de interesse estratégico para o País são executadas em regiões com elevado nível de tensão política e social ou em áreas de conflito.

Paralelamente, a **cooperação técnico-científica mundial** demanda a presença de especialistas brasileiros em vários pontos dos cinco continentes.

Nesse cenário, torna-se imprescindível para a **Inteligência** conhecer as principais ameaças e vulnerabilidades a que estão sujeitas as posições e os interesses nacionais no exterior, como forma de bem assessorar o chefe de Estado e os órgãos responsáveis pela consecução dos objetivos no exterior.

### 8.3. Prevenir ações de sabotagem

A posição mais relevante do País no cenário internacional aumenta o risco de se tornar alvo de ações de **sabotagem**, que visam a impedir ou a dificultar a consecução de seus interesses estratégicos.

As consequências de atos de **sabotagem** podem situar-se em pontos distintos de uma ampla escala, que vão da suspensão temporária até a paralisação total de atividades e serviços essenciais à população e ao Estado.

Dessa forma, é necessário mapear os alvos potenciais para atos de **sabotagem**, com o intuito de detectar o planejamento de ações dessa natureza em seus estágios iniciais.

### 8.4. Expandir a capacidade operacional da Inteligência no espaço cibernético

O funcionamento de um **aparato estatal** não pode prescindir da utilização de tecnologias da informação e das comunicações. O comprometimento da capacidade operacional do Estado e de sistemas computacionais essenciais ao provimento das necessidades básicas da sociedade deve ser preocupação permanente, exigindo constante aperfeiçoamento técnico dos entes públicos responsáveis pela integridade desses sistemas.

Por sua vez, a **rede mundial de computadores**, além de canal cada vez mais propício à perpetração de atos protagonizados por agentes do crime organizado ou por organizações terroristas, tem-se constituído, ainda, em espaço privilegiado de discussões, diversas das quais relativas aos interesses do País. Nesse contexto, é primordial acompanhar, avaliar tendências, prevenir e evitar ações prejudiciais à consecução dos objetivos nacionais.

### 8.5. Compartilhar dados e conhecimentos

O êxito de uma **atuação coordenada** depende do compartilhamento oportuno de dados e conhecimentos entre os diversos organismos estatais, observadas as características específicas da atividade de Inteligência, em especial quanto aos usuários que a eles devem ter acesso.

As **missões** e atribuições da Inteligência devem ser realizadas, sempre que possível, com a disponibilidade sistêmica de acesso a dados e conhecimentos entre os órgãos do SISBIN.

### 8.6. Ampliar a confiabilidade do Sistema Brasileiro de Inteligência

O acesso a **conhecimentos de Inteligência** é tão valioso quanto a sua confiabilidade, bem como a dos profissionais que integram o SISBIN. A disseminação de um conhecimento de Inteligência falseado ou impreciso pode comprometer a cadeia decisória do Estado que dele faça uso. A divulgação não autorizada de dados e conhecimentos classificados ou originalmente sigilosos também prejudica os órgãos de Inteligência, afetando diretamente a sua credibilidade.

Nesse contexto, a **confiabilidade do SISBIN** deve ser ampliada continuamente pelo aperfeiçoamento do processo de seleção de recursos humanos para a área de Inteligência, pelo treinamento de servidores públicos encarregados de temas e missões sensíveis e pela implementação efetiva de contramedidas de segurança corporativa indispensáveis à segurança e ao desenvolvimento da atividade de Inteligência.

### 8.7. Expandir a capacidade operacional da Inteligência

As ações de **obtenção de dados sigilosos**, visando a contribuir para a neutralização de ameaças à sociedade e ao Estado brasileiros, exigem equipes operacionais altamente capacitadas. Para o melhor aproveitamento e produção de resultados, é imprescindível que essas equipes disponham de recursos materiais, humanos, tecnológicos e financeiros, entre outros, compatíveis com a complexidade das missões que se lhes apresentem.

Desse modo, deve ser estudada a viabilidade de **expansão da capacidade operacional** da Inteligência, sobretudo no que diz respeito ao adequado efetivo de agentes especializados nessa atividade; aos recursos, capacitações e treinamentos necessários à sua execução; e à inserção, no ordenamento jurídico nacional, dos instrumentos que amparem suas atividades.

### 8.8. Fortalecer a cultura de proteção de conhecimentos

O **acesso não autorizado** a técnicas, processos de inovação, pesquisas, planos e estratégias, bem como ao patrimônio genético e a conhecimentos tradicionais a ele associados, pode comprometer a consecução de objetivos nacionais e resultar em prejuízos expressivos no campo socioeconômico. A proteção dos conhecimentos sensíveis nacionais constitui fator essencial para o desenvolvimento do País. Os importantes resultados advindos de pesquisas científicas e tecnológicas requerem contínuo aperfeiçoamento de mecanismos de proteção nos meios acadêmicos e empresariais.

Torna-se, portanto, **imprescindível e urgente** fortalecer, no âmbito da sociedade, a cultura de proteção, visando ao estabelecimento de práticas para a salvaguarda de conhecimentos por parte daqueles que os detenham. A Inteligência deve concorrer para a disseminação dessa cultura como forma de evitar ou minimizar prejuízos ao País.

### 8.9. Cooperar na proteção das infraestruturas críticas nacionais

**Ameaças como terrorismo**, organizações criminosas transnacionais e grupos de diferentes origens e com distintos interesses ligados a atos de sabotagem devem ser monitoradas, como forma de minimizar as possibilidades de sucesso das ações que visem a interromper ou mesmo comprometer o funcionamento das infraestruturas críticas nacionais.

Nesse cenário, a **Inteligência** deve participar do processo de avaliação de riscos e vulnerabilidades relativos a alvos potenciais daquelas ameaças, visando a concorrer para a proteção das infraestruturas críticas nacionais.

### 8.10. Cooperar na identificação de oportunidades ou áreas de interesse para o Estado brasileiro

A **atividade de Inteligência**, pela sua atuação prospectiva e preventiva, auxilia o Estado na identificação de oportunidades e interesses para o desenvolvimento nacional.

Nesse cenário, a **Inteligência** deve desenvolver a capacidade de assessorar as instâncias decisórias por meio de instrumentos, estruturas e processos que possibilitem essa identificação nas diversas áreas do interesse nacional.

# Estratégia Nacional de Inteligência (ENINT)

Aprova a Estratégia Nacional de Inteligência.

**O PRESIDENTE DA REPÚBLICA**, no uso da atribuição que lhe confere o art. 84, **caput**, inciso VI, alínea "a", da Constituição, e tendo em vista o disposto no Decreto nº 4.376, de 13 de setembro de 2002,

DECRETA:

**Art. 1º** Fica aprovada a **Estratégia Nacional de Inteligência - ENINT**, constante do Anexo.

1. **ENINT**: é a Estratégia Nacional de Inteligência. O anexo aqui presente mostra os principais objetivos e conceitos da ENINT.

**Art. 2º** Os **órgãos e as entidades** da administração pública federal considerarão, em seus planejamentos, ações que concorram para o fortalecimento do Sistema Brasileiro de Inteligência.

**Art. 3º** Este Decreto **entra em vigor** na data de sua publicação.

1. **Fortalecimento do SISBIN:** ver comentário do artigo 1º e 2º da Lei 9.883/99.

▶ **Atenção!** Resolvemos por uma questão didática apresentar na íntegra a **Estratégia Nacional de Inteligência – ENINT**, pois o referido tema recorrentemente vem sendo cobrado nas provas de concurso.

# ANEXO
# ESTRATÉGIA NACIONAL DE INTELIGÊNCIA

## 1. MENSAGEM DO PRESIDENTE DA REPÚBLICA

O **Brasil** que queremos é um país harmônico. Um país que cumpra a sua vocação para um desenvolvimento integral, aliando o crescimento econômico à justa distribuição de suas riquezas; a plena utilização de suas capacidades à preservação do meio ambiente; a defesa de sua soberania à cooperação internacional. Queremos, em suma, um país que, na busca constante desses equilíbrios, garanta condições dignas de vida a todos os seus cidadãos.

Para alcançar esse desenvolvimento harmônico, é fundamental que os **programas de governo**, da concepção à implementação, se apoiem em informações precisas e oportunas. Para decidir, o Governo tem de sopesar os diversos matizes de uma realidade em constante evolução, considerando as ações dos múltiplos agentes, domésticos e externos, que em conjunto influem nos rumos de nossa sociedade.

Quanto mais ágeis e mais precisas forem essas informações, tanto melhor será a capacidade do Estado brasileiro de fazer frente a seus desafios estratégicos, identificando oportunidades e neutralizando riscos. Diante disso, contar com um sistema de Inteligência capaz e bem estruturado, com a necessária capilaridade doméstica e internacional, é uma necessidade imperiosa do próprio desenvolvimento nacional.

Em meio aos muitos **desafios** que enfrentamos e vamos suplantando, tenho orgulho de poder afirmar que estive atento a essas necessidades desde os primeiros dias de minha gestão. Data, afinal, de 29 de junho de 2016 – escassos 48 dias após o início de meu governo – a publicação da Política Nacional de Inteligência, adotada pelo Decreto nº 8.793. O documento, como se sabe, é fruto de um esforço iniciado pela Agência Brasileira de Inteligência ainda em 2009 e que em sua maturação foi enriquecido pela análise crítica da Comissão Mista de Controle das atividades de Inteligência do Congresso Nacional. Foram necessárias sensibilidade e vontade política para levar a bom termo esse processo de análise e tornar vigente aquele projeto.

Esta **Estratégia** será, oportunamente, complementada por um Plano Nacional de Inteligência e, juntos, esses dois documentos darão muito maior concretude, nos níveis operacional e tático, aos mandamentos daquele documento básico de junho de 2016. Mais importante: encerram o ciclo iniciado em março de 1990, que buscou circunscrever plenamente a atividade de Inteligência aos marcos do Estado Democrático de Direito.

Esse **processo** todo tem por objetivo último o fortalecimento do **Sistema Brasileiro de Inteligência (SISBIN)**, de maneira que as 37 agências que hoje o integram possam trabalhar em sintonia cada vez maior, sempre com vistas a subsidiar o Estado brasileiro na tomada de decisões estratégicas e na sua implementação.

O que buscamos, em suma, é continuar dotando o Brasil das **ferramentas** adequadas para a promoção do progresso e da paz social, atendendo aos principais anseios de nossa sociedade e proporcionando às gerações futuras uma nação de que possam orgulhar-se.

## 2. INTRODUÇÃO

Em um ambiente interno e externo de profundas e constantes transformações, o conhecimento torna-se fator essencial para que o Brasil se posicione adequadamente nesse contexto desafiador, competitivo e de muitas ameaças. Avaliações corretas, oportunas e aprofundadas conferem ao País um diferencial competitivo, além de proporcionar segurança e proteger os interesses nacionais. O espaço para erros é cada vez menor. Por isso, a **atividade de Inteligência**, que objetiva a obtenção, a análise e a disseminação de conhecimentos sobre fatos e situações que possam impactar o processo decisório e a ação governamental, vem ganhando progressivamente importância estratégica.

Nesse sentido, a formulação de uma **Estratégia Nacional de Inteligência (ENINT)** se tornou imperiosa. A **ENINT** é um documento de orientação estratégica decorrente da Política Nacional de Inteligência (PNI), fixada por meio do Decreto nº 8.793, de 29 de junho de 2016, e servirá de referência para a formulação do Plano Nacional de Inteligência. Ela consolida conceitos e identifica os principais desafios para a atividade de Inteligência, definindo eixos estruturantes e objetivos estratégicos, de forma a criar as melhores condições para que o Brasil possa se antecipar às ameaças e aproveitar as oportunidades.

A **ENINT** foi elaborada a partir de discussões oriundas de um grupo de trabalho composto por representantes de órgãos do **Conselho Consultivo do Sistema Brasileiro de Inteligência (Consisbin)**, com o apoio de estudiosos da atividade de Inteligência de vários segmentos (universidades, órgãos de governo e instituições de referência), tendo sido apreciada ao final por todos os órgãos do SISBIN.

Por meio de orientação sistemática e foco, a **ENINT** irá propiciar a execução da PNI. Por ter caráter público, traz a transparência necessária e permite à sociedade conhecer os elementos norteadores para o Sistema Brasileiro de Inteligência no horizonte temporal de 2017 a 2021.

**A ENINT** não é um documento rígido e terá flexibilidade para considerar os ajustes que se fizerem necessários em função da alteração de variáveis e de cenários que possam impactar a atividade de Inteligência. Ela traz uma oportunidade de aprendizado para todos os órgãos que compõem o **SISBIN**, com a certeza de que o êxito de qualquer sistema está diretamente relacionado a sua capacidade de atuação coesa, integrada e direcionada.

## 2.1. Atividade de Inteligência no Brasil

Todo **ato decisório** do Estado deve estar lastreado em subsídios oportunos, amplos e seguros. Para tanto, faz-se necessário o conhecimento dos temas de interesse para a ação governamental, notadamente aqueles que possam representar ameaças ou oportunidades à consecução dos objetivos nacionais.

Nesse contexto, o exercício permanente de ações especializadas de **Inteligência**, com o objetivo de produzir e difundir conhecimentos para auxiliar as autoridades governamentais, ganha suma importância.

Cabe à **atividade de Inteligência** acompanhar o ambiente interno e externo, buscando identificar oportunidades e possíveis ameaças e riscos aos interesses do Estado e à sociedade brasileira. As ações destinadas à produção de conhecimentos devem permitir que o Estado, de forma antecipada, direcione os recursos necessários para prevenir e neutralizar adversidades futuras e para identificar oportunidades para sua atuação.

A **atividade de Inteligência** no Brasil vem ganhando relevância crescente e transparência, sobretudo com a aprovação da PNI e a edição da presente ENINT. Esses documentos são elos aglutinadores dos órgãos que compõem o SISBIN e os direcionadores para a formulação das iniciativas estratégicas referentes à atividade de Inteligência.

A seguir, conforme disposto na **PNI**, é explicitado o conceito da atividade de Inteligência:

"Exercício permanente de ações especializadas, voltadas para a **produção e difusão de conhecimentos**, com vistas ao assessoramento das autoridades governamentais nos respectivos níveis e áreas de atribuição, para o planejamento, a execução, o acompanhamento e a avaliação das políticas de Estado. A atividade de Inteligência divide-se, fundamentalmente, em dois grandes ramos:

**I – Inteligência:** atividade que objetiva produzir e difundir conhecimentos às autoridades competentes, relativos a fatos e situações que ocorram dentro e fora do território nacional, de imediata ou potencial influência sobre o processo decisório, a ação governamental e a salvaguarda da sociedade e do Estado;

**II – Contrainteligência:** atividade que objetiva prevenir, detectar, obstruir e neutralizar a Inteligência adversa e as ações que constituam ameaça à salvaguarda de dados, conhecimentos, pessoas, áreas e instalações de interesse da sociedade e do Estado".

**Aplicação em concurso:**

- *ABIN/Agente de Inteligência– CESPE – 2018*

  "A produção e a difusão de conhecimentos sobre fatos que tenham potencial influência sobre a salvaguarda da sociedade são atividades do ramo da contrainteligência".

  *Afirmativa errada. Tal definição enquadra-se no conceito de inteligência.*

### 2.2. PNI

A **PNI** definiu os parâmetros e os limites de atuação da atividade de Inteligência e estabeleceu seus pressupostos, instrumentos, identificou as principais ameaças, ou seja, aquelas que apresentam potencial capacidade de colocar em risco a segurança da sociedade e do Estado e, finalmente, definiu objetivos e diretrizes no âmbito do SISBIN.

### 2.3. SISBIN

Em 7 de dezembro de 1999, foi sancionada a Lei nº 9.883, que instituiu o **Sistema Brasileiro de Inteligência e criou a Agência Brasileira de Inteligência (ABIN)**, na posição de seu órgão central. O Sistema tem por objetivo integrar ações de planejamento e execução das atividades de Inteligência no País, com a finalidade de fornecer subsídios ao Presidente da República nos assuntos de interesse nacional. Já a ABIN passou a ter sob sua responsabilidade a função de planejar, executar, coordenar, supervisionar e controlar as atividades de Inteligência do País, obedecidas a política e as diretrizes superiormente traçadas nos termos da lei.

Cabe ao **SISBIN** a responsabilidade pelo processo de obtenção e análise de informações e produção de conhecimentos de Inteligência necessários ao processo decisório do Poder Executivo. O Sistema também atua na proteção das informações sensíveis e estratégicas do Estado brasileiro. Nesse sentido, reúne órgãos e estruturas capazes de colaborar, de modo decisivo, em variados temas, a exemplo daqueles relacionados a questões financeiras, tributárias, econômicas, sociais, ambientais, de infraestrutura, de política externa e de segurança.

**O SISBIN tem como fundamentos** a preservação da soberania nacional, a defesa do Estado Democrático de Direito e a dignidade da pessoa humana, devendo ainda cumprir e preservar os direitos e as garantias individuais e os demais dispositivos da Constituição, os tratados, as convenções, os acordos e ajustes internacionais em que a República Federativa do Brasil seja parte ou signatária, além da legislação ordinária.

O **SISBIN** é fundamental para a identificação de fatos e situações que podem influenciar o processo decisório e a ação governamental e para a segurança da sociedade e do Estado. Sua importância ficou evidenciada na realização exitosa dos grandes eventos ocorridos no Brasil nos últimos anos, demonstrando um avançado estágio de integração entre as diversas instituições que o compõem.

### 2.4. Controle da atividade de Inteligência

Em função da **natureza estratégica**, os conhecimentos fornecidos para o assessoramento às decisões tomadas pelas autoridades governamentais devem ser garantidos pelo sigilo. Efetivamente, trata-se de uma das principais peculiaridades inerentes à atividade de Inteligência. Desprovidas dessa exceção à regra geral de publicidade dos atos públicos, os conhecimentos produzidos no âmbito do SISBIN se tornariam, muitas vezes, inócuos. Perder-se-ia a capacidade do Estado de antecipar-se à materialização de ameaças ou de aproveitar oportunidades surgidas em um ambiente altamente competitivo.

O exercício permanente de **ações especializadas** com vistas à produção e à difusão de conhecimentos que assessorem o processo decisório impõe a necessidade de garantias jurídicas aptas a assegurar o seu adequado desempenho. Nesse sentido, as normas atinentes à atividade de Inteligência têm sido desenvolvidas com o fim de atender as suas peculiaridades e de tornar possível a atuação eficiente dos diversos órgãos incumbidos dessa função. O que particulariza a estrutura normativa da atividade de Inteligência é, portanto, a previsão legal de exceções aos paradigmas impostos a outras funções essenciais do Estado sem, todavia, distanciar-se dos ideais democráticos que inspiram todo o serviço público.

Um dos **principais pilares** sobre os quais se estrutura o arcabouço jurídico da atividade de Inteligência, a Lei nº 9.883, de 1999, introduziu mecanismos jurídicos para a materialização das funções nela previstas. Nesse dispositivo legal, encontram-se instrumentos que viabilizam a proteção dos conhecimentos manipulados pela atividade de Inteligência. O principal deles é a garantia do sigilo, consignada nos artigos 9º e 9º-A.

Para garantir que o **sigilo** não afete o Estado Democrático de Direito, as sociedades desenvolveram mecanismos de controle com atores variados. Na maioria dos países do Ocidente, o controle está a cargo do

Poder Legislativo, por meio de comissões específicas. Mas há diversas formas de controle para a atividade de Inteligência.

Em primeiro lugar, há um **controle realizado** pelo órgão executivo, assegurando que os objetivos a serem alcançados, assim como as políticas a serem implementadas e os planos formulados respondam adequadamente às demandas da sociedade. Esse controle é responsável também por garantir que os gastos dos serviços de Inteligência sejam efetuados com racionalidade e exclusivamente para ações legítimas, necessárias e úteis para o Estado.

No caso brasileiro, esse tipo de controle é exercido pela Câmara de Relações Exteriores e Defesa Nacional do Conselho de Governo, responsável pela supervisão da execução da **PNI**, e pelo Gabinete de Segurança Institucional, a quem cabe coordenar a atividade de Inteligência federal.

Além do **controle político**, existe um controle que é efetuado pelo titular do organismo de Inteligência. Esse controle enfoca o comportamento dos seus subordinados, a legitimidade e a adequação das suas ações à legislação vigente.

Aplica-se, ainda, um controle estrito sobre a utilização de recursos públicos. Os órgãos do **SISBIN** estão sujeitos ao controle do Tribunal de Contas da União (TCU), que avalia a gestão financeira e patrimonial. Em âmbito interno, os órgãos são controlados pela Secretaria de Controle Interno da Presidência da República (CISET/PR), no caso de órgãos ligados à Presidência da República, e pelo Ministério da Transparência e Controladoria Geral da União.

Por fim, existe o **controle parlamentar.** Esse controle tem por objetivo verificar tanto a legitimidade como a eficácia da atividade de Inteligência. No que diz respeito a esse último aspecto, o controle parlamentar deve evitar um posicionamento meramente reativo, episódico ou de respostas contingenciais, procurando também influir permanentemente para atingir as mudanças desejadas, emanando recomendações e buscando estimular as condutas e atitudes adequadas.

**Os parlamentos são,** sem dúvida, os mais poderosos órgãos de controle da atividade de Inteligência ao redor do mundo. No Brasil, foi instalada a **Comissão Mista de Controle da Atividade de Inteligência (CCAI)**, cujo principal objetivo, de acordo com seu regimento, é fiscalizar e controlar a atividade de Inteligência desenvolvida por órgãos da administração pública federal, especialmente dos órgãos integrantes do SISBIN, destacando-se a preocupação de assegurar que a atividade seja realizada em conformidade com a Constituição e em defesa dos direitos e garantias individuais, da sociedade e do Estado.

**Aplicação em concurso:**

- *ABIN/Agente de Inteligência– CESPE – 2018*

  "O parlamento controla a legitimidade e a eficácia da atividade de inteligência e é considerado o mais poderoso órgão de controle desse tipo de atividade. Ele deve procurar influir permanentemente para atingir as mudanças desejadas, sendo-lhe, entretanto, vedado emanar recomendações, pois isso feriria a independência dos poderes da República".

  *Afirmativa errada. Não há vedação legal para que o órgão de controle externo da atividade de inteligência possa propor recomendações para o SISBIN. Na verdade isso é bastante usual devido o trabalho das comissões inerentes a este poder.*

## 3. MISSÃO DO SISBIN

É a **declaração clara e objetiva** que exprime de modo contundente aquilo que o Sistema de Inteligência oferece à sociedade.

Ao permitir o entendimento da razão de ser do **SISBIN**, a Missão promove o comprometimento e reforça a cooperação entre os parceiros do Sistema. Ela explicita o propósito fundamental, beneficiários e o impacto a ser produzido, além de possuir horizonte de longo prazo.

Para o **SISBIN**, foi desenvolvida a seguinte **Missão**:

Desenvolver a **atividade de Inteligência**, de forma integrada, para promover e defender os interesses do Estado e da sociedade brasileira.

## 4. VISÃO DO SISBIN

É, ao mesmo tempo, **aspiração e inspiração**. Aspiração porque indica uma condição futura a ser alcançada. E inspiração porque suscita em todos a vontade em conquistar essa condição.

Ao partir de sua **realidade atual**, e tendo como foco a satisfação dos seus clientes (o Estado e a sociedade brasileira), o SISBIN buscará alcançar sua visão de futuro por meio da ação coordenada e efetiva de seus integrantes.

Assim, **como visão de futuro**, o **SISBIN** projeta:

Excelência e **integração** no desempenho da atividade de Inteligência, tornando-a imprescindível para a garantia da segurança e dos interesses do Estado e da sociedade brasileira.

## 5. PRINCÍPIOS ÉTICOS

A **atividade de Inteligência** deve ser conduzida em estrita obediência ao ordenamento jurídico brasileiro, pautando-se pela fiel observância aos Princípios, aos direitos e às garantias fundamentais expressos na Constituição, em prol do bem comum e na defesa dos interesses da sociedade e do Estado Democrático de Direito.

Para atender a esse propósito, a **atividade de Inteligência** lida com assuntos e conhecimentos sensíveis, que devem receber tratamento adequado, a fim de sempre garantir o atendimento dos objetivos maiores do País. Portanto, como esse exercício típico da atividade envolve escolhas e deliberações, impõem-se criteriosos e rigorosos comportamentos éticos para seus profissionais.

**De acordo com a PNI, a Inteligência** pauta-se pela conduta ética, que pressupõe um conjunto de princípios orientadores do comportamento humano em sociedade. Naquilo que em se aplica aos seus profissionais, representa, especialmente, o cuidado com a preservação dos valores que determinam a primazia da verdade, sem conotações relativas, da honra e da conduta pessoal ilibada, de forma clara e sem subterfúgios.

Os **princípios éticos** devem balizar tanto as condutas dos profissionais que lidam com a Inteligência quanto as dos usuários dos conhecimentos produzidos, para conferir à atividade de Inteligência a necessária legitimidade e credibilidade perante a sociedade. O produto da atividade deve ser utilizado no interesse do Estado e da sociedade brasileira, e apenas para propósitos legitimados democraticamente.

Os **profissionais da atividade de Inteligência** atuam com a consciência de cumprirem verdadeira missão de Estado, para a qual dedicam seus melhores esforços, sempre imbuídos do espírito de servir a Nação com dedicação e lealdade. No curso de sua ação individual e coletiva, além de outros orientadores legais, observam e praticam os seguintes princípios éticos:

**Respeito**: adotam comportamentos e praticam ações que respeitam a dignidade do indivíduo e os interesses coletivos;

**Imparcialidade**: atuam de modo isento, buscando a verdade no interesse do Estado e da sociedade brasileira, sem se deixar influenciar por ideias preconcebidas, interesses particulares ou corporativos;

**Cooperação**: compartilham de forma sistemática e proativa dados e conhecimentos úteis para promoção e defesa dos interesses do Estado e da sociedade brasileira;

**Discrição**: tratam os diversos aspectos de seu trabalho com reserva e sigilo, visando a proteger e preservar as instituições do SISBIN, os seus integrantes e os conhecimentos produzidos;

**Senso crítico**: analisam e refletem sobre as implicações morais de suas ações e decisões; e

**Excelência**: realizam as atividades com dedicação, qualidade, profissionalismo, de forma metódica, diligente e oportuna.

## 6. AMBIENTE ESTRATÉGICO

Os países, em tempos de crise ou não, na **condução das questões internas**, externas e na garantia de sua segurança e de seus interesses, necessitam conhecer os possíveis cenários e as variáveis que os compõem, bem como suas implicações, desejadas ou indesejadas. Os tomadores de decisão necessitam de informações confiáveis, relevantes e oportunas que possam auxiliá-los na condução de suas atribuições.

O conjunto desses **cenários** moldam o ambiente estratégico no qual a atividade de Inteligência também atua e sobre o qual o Estado é instado a oferecer respostas tanto a desafios já identificados quanto àqueles inéditos, derivados das novas circunstâncias.

Para fazer frente a essa conjuntura tão dinâmica e difícil, ampliam-se os investimentos em Inteligência e Defesa no mundo. Os serviços e os **sistemas de Inteligência** se desenvolvem e se profissionalizam como reflexo do aumento da complexidade dos ambientes interno e externo, em consonância com as características de cada país, seu arranjo institucional, suas prioridades e suas necessidades de informações.

Nesse contexto, para o melhor desempenho da **atividade de Inteligência**, organismos de diversos países realizam, entre si, mais interações, apoiando ações e intercambiando informações, conforme os interesses, que, embora possam ser comuns sobre algumas temáticas, podem conflitar sobre outras que envolvam posicionamentos estratégicos específicos.

O aumento de tais **interações** é decorrente do desenvolvimento de pautas de interesse mundial, como o terrorismo internacional e os ilícitos transnacionais, e está sendo facilitado pelo avanço tecnológico que possibilita o intercâmbio ágil das informações.

O **avanço tecnológico** permeia e impacta qualquer processo desenvolvido na atualidade: as informações circulam com menos intermediação e mais velocidade; os instrumentos tecnológicos e de comunicação são onipresentes graças à interconectividade e à convergência com as plataformas móveis; a infraestrutura tecnológico-informacional está cada vez mais presente em produtos domésticos e industriais; o ambiente virtual permite que conteúdos e aplicativos tenham ampliação do alcance e da eficiência; e a mobilidade se faz ainda mais presente pela disseminação de armazenamento baseado em servidores remotos (em nuvem).

Os **inegáveis benefícios e facilidades** trazidos pela utilização da tecnologia são, contudo, acompanhados de vulnerabilidades. Como consequência, o mundo enfrenta o crescimento da espionagem cibernética, inclusive com fins econômicos e científicos. Da mesma forma, outros riscos surgem com a evolução tecnológica: a automatização e a interconectividade dos sistemas de infraestruturas críticas, por exemplo, tornam possíveis sabotagens pela via cibernética.

A **disseminação das ameaças** cibernéticas também resultou na intensificação das demandas por soluções capazes de ampliar o nível de segurança da informação, das comunicações e das infraestruturas críticas. Contudo, algumas das soluções de segurança, a exemplo dos recursos criptográficos, podem também ser utilizadas por grupos adversos aos interesses nacionais (como os ligados ao extremismo e ao crime) para a própria proteção. Esse uso dual torna ainda mais complexa a atuação do Estado no ambiente cibernético.

O **cenário de evolução** tecnológica implica também a crescente produção e armazenamento de grandes volumes de dados nos meios digitais (**big data**). A obtenção e a análise dessas quantidades massivas de dados ensejam oportunidades para a atividade de Inteligência, seja ela brasileira ou adversa. São os casos da utilização de aplicações para análise de vínculos, entendimento de contextos, localização de pessoas e de lugares e uso de inteligência artificial e de técnicas analíticas para grandes conjuntos de dados (***analytics***).

Junta-se a isso um **ambiente internacional** em que os fatos se multiplicam e adquirem grande imprevisibilidade. As fronteiras nacionais, a identidade nacional e os valores coletivos são desafiados diante das possibilidades de livre troca de informações, intercâmbio com uma comunidade mundial progressivamente mais conectada e trânsito de pessoas intenso.

Essa dinâmica configura um **processo irrefreável** de internacionalização do mundo, com um fluxo multidirecional, cada vez maior, de bens, transações, valores, informações e ideias.

**O mundo** vivencia o fortalecimento de novos atores não estatais que possuem ramificações em diversos países e apresentam considerável capacidade para influenciar políticas públicas. Tais atores se utilizam intensamente da tecnologia, conseguem se articular melhor e se estruturar em formato de redes, tornando-se, assim, mais flexíveis e resilientes.

As atuais estruturas que compõem o **sistema internacional** se encontram em rápida mutação, resultando em uma conjuntura complexa para a formulação de estratégias de inserção externa dos países, sendo difícil o surgimento de um paradigma hegemônico para a interpretação e a condução de ações bem-sucedidas no cenário internacional.

Nesse sistema, cabe ao Brasil enfrentar as **ameaças globais à segurança**, como as atividades ilícitas transnacionais, as ideologias extremistas e o terrorismo, que continuam se intensificando. Na outra ponta, o

País precisa estar atento às oportunidades que favoreçam a consolidação de mercados tradicionais e que abram caminhos alternativos para um desenvolvimento econômico sustentável que melhore a qualidade de vida da população brasileira.

**A atividade de Inteligência** se insere no esforço de integração do Brasil com os demais países e, em especial, os da América do Sul, de forma a aumentar a eficácia no enfrentamento dos problemas econômicos, nos temas de segurança do Estado e da sociedade, nas questões de desenvolvimento humano e no fortalecimento dos valores democráticos.

**Aplicação em concurso:**

- *ABIN/Agente de Inteligência– CESPE – 2018*

  "A atividade de inteligência no Brasil deve buscar a integração com os demais países do mundo, mas, em especial, com os da Organização dos Estados Americanos".

  *Afirmativa errada. A integração do Brasil com demais países do mundo, deve ser especial, quanto aos países da América do Sul.*

No **âmbito interno**, há também as ameaças à segurança pública que, mesmo não dissociadas de questões internacionais, fazem-se mais presentes na realidade da população brasileira, com o aumento da violência, o agravamento dos problemas estruturais do sistema prisional e a crescente atuação do crime organizado, inclusive sobre as estruturas de Estado.

Os **problemas de segurança** internos e externos ao Brasil encontram-se, muitas vezes, nas próprias fronteiras territoriais. É determinante a necessidade de se manter uma fiscalização adequada das fronteiras para se controlar o trânsito de pessoas, além de evitar o fluxo de narcóticos, de armas e de produtos relacionados ao contrabando.

Ainda relativamente às questões internas do País, deve permanecer o esforço de **combate à corrupção e à lavagem de dinheiro**, associado a demandas por respostas político-sociais mais efetivas, com perspectivas de reformas do sistema político nacional. Por consequência do aumento da influência das redes sociais no comportamento humano, elas têm sido cada vez mais utilizadas como meio de mobilização social. Paralelamente, as redes também servem a outros grupos de influência, que podem se utilizar delas para incentivar radicalizações de quaisquer gêneros.

A necessidade de **conciliar a preservação do meio ambiente** com o desenvolvimento sustentável e a exploração racional dos recursos naturais serão pautas constantes nos próximos anos. Nesse contexto, o País deve estar atento e preparado para questões como desmatamento ilegal, pressões sobre biomas e busca por fontes eficientes de energia.

Na **organização legal**, o País enfrenta o desafio de harmonizar as múltiplas demandas e necessidades de uma população com tanta diversidade e obter um arcabouço que seja justo para todos os brasileiros.

Os **instrumentos legais** aplicados à atividade de Inteligência devem proporcionar as condições para que a Inteligência atue com a eficiência que os desafios impostos ao Brasil requerem.

Num **ambiente estratégico** de profundas e rápidas transformações, caberá à atividade de Inteligência um papel de suma importância na promoção e defesa dos interesses do Estado e da sociedade brasileira e para o desenvolvimento do País.

Da **atividade de Inteligência do Brasil**, cada vez mais, será cobrada uma atuação voltada para contribuir com um país que se fundamenta na cidadania, na dignidade da pessoa humana, nos valores sociais do trabalho e da livre iniciativa e no pluralismo político, e que rege suas relações internacionais pela solução pacífica dos conflitos, pela cooperação entre os povos para o progresso da humanidade, pela autodeterminação dos povos e pela prevalência dos direitos humanos.

Da análise do ambiente estratégico e das orientações emanadas da **PNI** foram identificadas e priorizadas, dentre outras, ameaças à integridade e à segurança do Estado e da sociedade brasileira e oportunidades que, se aproveitadas, podem alçar o País a um novo nível de desenvolvimento, conforme a seguir.

## 6.1. Ameaças

Consideram-se **principais ameaças** aquelas que apresentam potencial capacidade de pôr em perigo a integridade da sociedade e do Estado e a segurança nacional.

As ameaças retratadas neste documento foram discutidas e definidas quando da formulação da **Política Nacional de Inteligência** e estão detalhadas no Anexo ao Decreto nº 8.793, de 2016. Segue um extrato da abordagem utilizada na PNI para cada ameaça:

**Espionagem**, que visa à obtenção de conhecimentos ou dados sensíveis para beneficiar Estados, grupos de países, organizações, facções, grupos de interesse, empresas ou indivíduos;

**Sabotagem**, que é a ação deliberada, **com efeitos físicos, materiais ou psicológicos** para destruir, danificar, comprometer ou inutilizar, total ou parcialmente, definitiva ou temporariamente, dados ou conhecimentos; ferramentas; materiais; matérias-primas; equipamentos; cadeias produtivas; instalações ou sistemas logísticos, sobretudo aqueles necessários ao funcionamento da infraestrutura crítica do País;

**Aplicação em concurso:**

- *ABIN/Agente de Inteligência– CESPE – 2018*

  "A sabotagem é um tipo de ameaça cuja ação pode ter efeito tanto físico quanto material ou psicológico".

  *Afirmativa correta.*

**Interferência externa**, que é a atuação deliberada de governos, grupos de interesse, pessoas físicas ou jurídicas que possam influenciar os rumos políticos do País com o objetivo de favorecer interesses estrangeiros em detrimento dos nacionais;

**Ações contrárias à soberania nacional**, que atentam contra a autodeterminação, a não ingerência nos assuntos internos e o respeito incondicional à Constituição e às leis;

**Ataques cibernéticos**, que são ações deliberadas com o emprego de recursos da tecnologia da informação para interromper, penetrar, adulterar ou destruir redes utilizadas por setores públicos e privados essenciais à sociedade e ao Estado, a exemplo daqueles pertencentes à infraestrutura crítica nacional;

**Terrorismo**, que é uma ameaça à paz e à segurança dos Estados. A temática é área de especial interesse e de acompanhamento sistemático pela Inteligência em âmbito mundial;

**Atividades ilegais envolvendo bens de uso dual e tecnologias sensíveis**, que atingem países produtores desses bens e detentores dessas tecnologias, em especial nas áreas química, biológica e nuclear;

**Armas de destruição em massa**, cuja potencial proliferação representa risco à paz mundial e aos países que abdicaram da opção por essas armas para sua defesa;

**Criminalidade organizada**, que ameaça a todos os Estados e cuja incidência, notadamente em sua vertente transnacional, reforça a necessidade de aprofundar a cooperação;

**Corrupção**, que é um fenômeno mundial capaz de produzir a erosão das instituições e o descrédito do Estado como agente a serviço do interesse nacional;

**Ações contrárias ao Estado Democrático de Direito**, que atentam contra o pacto federativo; os direitos e as garantias fundamentais; a dignidade da pessoa humana; o bem-estar e a saúde da população; o pluralismo político; o meio ambiente e as infraestruturas críticas do País, além de outros atos ou atividades que representem ou possam representar risco aos preceitos constitucionais relacionados à integridade do Estado.

### 6.2. Oportunidades

Consideram-se **principais oportunidades** aquelas que apresentam potencial capacidade de posicionar o País num outro patamar de competitividade e auxiliam na promoção e na defesa dos interesses do Estado e da sociedade brasileira:

#### Inserção do país no cenário internacional

Uma maior inserção internacional do Brasil tem potencial para ampliar a oferta de **recursos tangíveis e intangíveis** estratégicos para o desenvolvimento nacional. O acesso a tais recursos nem sempre ocorre de maneira automática. Cabe à Inteligência de Estado papel fundamental no sentido de mediar parte desse processo, elaborando análises prospectivas e gerando conhecimentos estratégicos que o viabilizem.

A maior **exposição do País ao ambiente internacional** exige, ainda, que a sociedade e o governo brasileiros estejam aptos a lidar com novas dinâmicas interestatais e com novos atores não estatais. Nesse sentido, o conhecimento produzido pelos órgãos que tratam da atividade de Inteligência auxilia no entendimento dessas realidades complexas.

### Cooperação internacional

A **interação externa** proporciona, igualmente, oportunidades para a negociação de acordos nos mais variados temas, assim como para o debate e a resolução de problemas coletivos. À medida que se multiplicam fóruns que tratam de questões políticas, econômicas e diplomáticas, entre outras, que envolvem ou impactam o Brasil, a atividade de Inteligência será cada vez mais demandada a prestar assessoramento de alto nível às autoridades e às instituições brasileiras que participam desses mecanismos de articulação.

O crescimento da quantidade de **iniciativas de cooperação internacional** observado em diversas esferas das relações do Brasil com o mundo também é verificado na atividade de Inteligência. Nesse sentido, surgem oportunidades para o intercâmbio de informações em matérias de interesse comum com outros países, em especial os fronteiriços.

### Desenvolvimento científico e tecnológico

O **avanço da ciência** e de suas aplicações práticas, por meio do desenvolvimento de novas tecnologias, estabelece os rumos em direção aos quais a realidade será transformada. Análises prospectivas permitirão ao País posicionar-se estrategicamente para extrair maiores benefícios para o seu desenvolvimento. Nesse contexto, a atividade de Inteligência assume missão importante na antecipação de movimentos e tendências mediante o acompanhamento da evolução científico-tecnológica.

Determinadas tecnologias podem representar **ativos estratégicos** para o desenvolvimento econômico nacional. Aparatos tecnológicos também podem prover novos instrumentos e ferramentas de trabalho para o próprio exercício da atividade de Inteligência. O acesso ao estado da arte em matéria científica e tecnológica é capaz de possibilitar ao País avançar no desenvolvimento socioeconômico e melhor posicionar-se em áreas em que atualmente não ocupa lugar de destaque.

### Inteligência cibernética

O domínio das **soluções tecnológicas** mais avançadas para lidar com o espaço cibernético proporciona vantagens significativas às Nações. Nesse ambiente virtual de ameaças e oportunidades, países que se desenvolverem mais rapidamente se tornam mais aptos a alcançar os objetivos nacionais.

A **adoção** de atitudes não apenas defensivas, mas também proativas nessa área é capaz de proporcionar avanços significativos para os interesses do País.

### Consolidação de rede logística e de infraestrutura de interesse nacional

A consolidação de **rede logística** e de infraestrutura possibilitará maior integração e desenvolvimento para o País, melhorando e ampliando o fluxo de bens, pessoas, recursos financeiros e informações entre as diversas localidades.

Por se tratar de **empreendimentos estratégicos** para o desenvolvimento nacional, a Inteligência pode contribuir para a melhor implantação dos projetos e a integridade das redes e das infraestruturas instaladas. Nesse sentido, análises estratégicas dos setores envolvidos, especialmente em relação às novas tecnologias utilizadas no mundo, serão produtos, cada vez mais, demandados para subsidiar o processo decisório em diferentes esferas governamentais.

## 7. DESAFIOS

Tendo como base as orientações da **PNI** e a análise do ambiente estratégico, no contexto interno e externo, surgem os desafios, que representam as questões de caráter estratégico e de grande relevância para que a atividade de Inteligência atue com eficácia em prol da segurança e dos interesses do Estado e da sociedade brasileira.

Os desafios, relacionados a seguir, reúnem os elementos considerados essenciais para que o **Sistema de Inteligência** realize sua Missão e alcance sua Visão:

Fortalecimento da **atuação integrada** e coordenada da atividade de Inteligência

O aumento da demanda por conhecimentos e ações que possam auxiliar na defesa dos interesses do Estado e da sociedade brasileira requer atuação mais sinérgica do **SISBIN.**

O **aprimoramento da atuação em rede** se estabelece por meio de uma comunicação mais fluida, que favoreça o compartilhamento de conhecimentos para o alcance de objetivos comuns do Sistema. A definição mais clara e adequada de políticas, objetivos, responsabilidades e competências para o Sistema de Inteligência é fundamental para seu funcionamento mais eficaz.

**Fortalecimento de cultura** de proteção do conhecimento e de preservação do sigilo.

A **preservação do sigilo** e a proteção das fontes, dos agentes e do conhecimento sensível são determinantes para o cumprimento dos objetivos da Inteligência.

A cultura de proteção, inerente à **atividade Inteligência**, se estende para um campo maior, dentro do qual se incluem os ativos estratégicos nacionais, tanto materiais quanto imateriais, que apoiam o desenvolvimento da sociedade brasileira. O fortalecimento da proteção dos ativos do Estado e da sociedade brasileira é fundamental para que interferências externas não comprometam o interesse nacional.

**Ampliação** e aperfeiçoamento do processo de capacitação para atuação na área de Inteligência.

O **desempenho consistente e efetivo** da atividade de Inteligência exige profissionais qualificados e recursos compatíveis com os desafios que se apresentam.

A **ampliação do processo** de capacitação permite o aperfeiçoamento de técnicas, processos e competências, de modo a buscar a excelência e a inovação na atividade de Inteligência.

A capacidade de o **Sistema** de gerar valor depende diretamente da qualificação dos profissionais que nele atuam, viabilizada pelos investimentos em formação e atualização desses quadros.

Maior utilização de **tecnologia de ponta**, especialmente no campo cibernético.

A sociedade atual presencia crescente investimento em tecnologia da informação e comunicação (TIC). A **virtualização do mundo** e o desenvolvimento constante de todo aparato tecnológico são aspectos primordiais nas estratégias de atuação dos países. O investimento na atualização constante dos recursos tecnológicos necessários à atividade de Inteligência potencializa a eficácia do seu desempenho. Especialmente no espaço cibernético, tal investimento será decisivo para maior efetividade no combate às ameaças virtuais, na identificação de oportunidades e na antecipação de situações eventualmente danosas aos interesses nacionais.

Intensificação do uso de tecnologias de tratamento e análise de grandes volumes de dados (**big data** e **analytics**).

O **avanço tecnológico** levou ao crescimento exponencial da quantidade de dados e informações disponíveis. Porém, essa quantidade, a diversidade e, muitas vezes, a desorganização tornam a interpretação desses dados e informações extremamente complexa.

O **esforço** aplicado na organização e na análise desse material, por meio de modelos e ferramentas adequados, contribui para a produção de conhecimentos diferenciados, capazes de promover resultados mais efetivos para a atividade de Inteligência.

### Ampliação da internacionalização da atividade de Inteligência brasileira

Para acompanhar a **inserção internacional** do País, oferecendo assessoramento tempestivo às demandas sobre temas de interesse no âmbito externo, a atividade de Inteligência deve ampliar a capacidade de representação e de realização de parcerias no exterior.

Essa **internacionalização** da atividade permite ainda maior interação com outros serviços congêneres, com benefícios importantes nos resultados finais.

### Apoio ao fortalecimento da inserção do país no cenário internacional

O aumento das **relações políticas** e econômicas entre os países, por meio de ações multilaterais ou bilaterais, e o surgimento de novos polos econômicos e centros de poder são mudanças estruturais no cenário internacional.

Ao Brasil interessa avançar no **protagonismo internacional**, participando de modo cada vez mais intenso desse ambiente de complexa transformação. Essa atuação oferece perspectivas de acordos, parcerias e entendimentos, porém também permite o surgimento de atritos.

À atividade de **Inteligência** cabe o desafio de contribuir com análises e conhecimentos úteis para uma participação mais efetiva do País nas interações internacionais.

**Apoio ao combate à corrupção, ao crime organizado, aos ilícitos transnacionais e ao terrorismo**

A maior **sofisticação da criminalidade**, no âmbito nacional e internacional, e a dimensão mais global do terrorismo impõem desafios às ações de combate a essas ameaças, que muitas vezes ocorrem de forma articulada, inclusive compartilhando redes de atuação.

A capilaridade e as conexões das estruturas relacionadas a essas **ameaças** exigem soluções conjuntas, com a participação de diferentes atores governamentais. A produção de conhecimentos relevantes e oportunos pela atividade de Inteligência é condição para o sucesso do enfrentamento a essas ameaças.

**Monitoramento e enfrentamento eficaz de ações adversas contra interesses nacionais**

**As ameaças** contra os interesses nacionais, promovidas por atores governamentais ou não governamentais, crescem em escala, diversidade e complexidade, muito apoiadas pelas alternativas proporcionadas pelo uso da tecnologia.

As **ações adversas** sob patrocínios cada vez mais difusos atentam contra a segurança do Estado e da sociedade brasileira, ameaçando o funcionamento e o desenvolvimento da Nação.

A **proteção dos ativos nacionais** depende de uma atividade de Inteligência que se contraponha com eficácia às ações adversas.

**Aprimoramento da legislação para a atividade de Inteligência**

A legislação que trata da atividade de Inteligência deve proporcionar segurança a seus profissionais e beneficiários, além de garantias à sociedade em relação a seus direitos fundamentais.

O aprimoramento do conjunto normativo da atividade de **Inteligência** precisa combinar mecanismos indispensáveis para a prestação de contas com dispositivos apropriados para o exercício eficaz e responsável da atividade.

## 8. EIXOS ESTRUTURANTES

A identificação dos **Eixos Estruturantes** é resultado da análise do ambiente estratégico e dos desafios da ENINT. Dessa avaliação se extraem quatro grandes eixos, que constituem os principais pilares para a efetividade da atividade de Inteligência.

Os eixos organizam os desafios, alinhando-os e estabelecendo vínculos, de modo a criar uma **Estratégia** organicamente coerente e coesa, que deve impulsionar o funcionamento do Sistema de Inteligência.

**São Eixos Estruturantes da ENINT:**

Atuação em rede

**Eixo** que preconiza um modelo de trabalho coordenado, integrado e sinérgico, com a participação efetiva dos integrantes do Sistema, de modo a potencializar o cumprimento da Missão.

**O Sistema** deve praticar o compartilhamento de dados e conhecimentos, assim como realiza ações específicas conjuntas, sempre em prol dos interesses do Estado e da sociedade brasileira. Órgãos diferentes, com perspectivas de abordagem próprias, produzem soluções finais mais eficazes quando articulados em rede.

A **atuação em rede** exige também a responsabilidade pela adequada proteção de fontes, conhecimentos e profissionais, por meio da gestão eficaz dos riscos inerentes à atividade de Inteligência.

### Tecnologia e capacitação

Eixo que **sustenta a necessidade** de capacitação em alto nível para os profissionais de Inteligência, para que se promova, por consequência, a excelência da atividade de Inteligência.

Para o melhor desempenho da atividade, o **Sistema** deve prover treinamento e capacitação que maximize o potencial dos profissionais de Inteligência, desenvolvendo e aprimorando competências e habilidades capazes de torná-los preparados para desafios em constante transformação.

Da mesma forma, o investimento em tecnologias de ponta deve estar sempre presente nas pautas de discussões. O **avanço tecnológico** e a intensificação de tecnologias para tratamento e análise de dados permeiam e impactam fortemente a atividade de Inteligência. Nesse sentido, os profissionais devem dispor das ferramentas tecnológicas mais avançadas, que potencializem a resposta do seu trabalho.

O ambiente **profissional da Inteligência** ainda deve favorecer o compartilhamento de ideias, recursos e experiências, para que se estabeleçam as condições para a inovação e o uso de melhores práticas.

### Projeção internacional

Eixo que se fundamenta na importância da atividade de **Inteligência** para oferecer soluções capazes de alavancar a projeção política e econômica do Brasil.

Em uma nova **ordem internacional**, em constante transformação, o Brasil necessita estar inserido com protagonismo. Para isso, a Inteligência exerce papel fundamental para um melhor entendimento do mundo, em suas novas dinâmicas e relações.

O esforço de **projeção do País** deve contar com uma Inteligência cuja capilaridade garanta presença internacional, inclusive por meio de associação com parceiros estrangeiros.

### Segurança do Estado e da sociedade

Eixo que se apoia na **convicção do papel** central desempenhado pela atividade de Inteligência para a garantia da segurança e dos interesses do Estado e da sociedade brasileira.

A **antecipação de fatos** e situações que se caracterizam como ameaças à integridade da sociedade e do Estado, no âmbito nacional ou internacional, é essencial para que o processo de assessoria ao mais alto nível decisório do País seja eficaz.

Para que esse papel seja exercido de forma efetiva, a legislação deve ser adequada à especificidade da **Inteligência**, proporcionando as condições ideais para o exercício da atividade.

## 9. OBJETIVOS ESTRATÉGICOS

Com base nos desafios estratégicos identificados e nos eixos de sustentação da **ENINT**, foram definidos 33 objetivos para o desempenho eficaz da atividade de Inteligência, considerado o horizonte temporal de cinco anos.

Os objetivos a seguir apresentados, sem ordem de prioridade, retratam o foco estratégico para direcionar os esforços e sinalizam os resultados essenciais a serem atingidos pelo **SISBIN** no cumprimento da sua Missão:

- **Aprimorar os processos e** protocolos para comunicação e compartilhamento de informações;
- **Mapear e gerenciar** os principais processos a serem realizados no SISBIN;
- **Definir e regular critérios** para atuação conjunta e coordenada no âmbito do SISBIN;
- **Criar protocolos conjuntos** para proteção de conhecimentos sensíveis;
- Aperfeiçoar o processo **de gestão de riscos;**
- **Fomentar a cultura** de proteção do conhecimento na sociedade;
- Ampliar a capacidade do Estado na obtenção de dados por meio da **Inteligência cibernética;**
- **Fortalecer a capacidade de pesquisa e desenvolvimento em tecnologia da informação e comunicação (TIC);**
- Aprimorar a capacidade de desenvolver e implementar **criptografia de Estado;**

- **Modernizar a infraestrutura de** tecnologia da informação e comunicação (TIC);
- **Ampliar a capacidade de obtenção e análise** de grandes volumes de dados estruturados e não estruturados;
- **Aprimorar** a estruturação e o compartilhamento de bases de dados de **Inteligência;**
- **Promover a** interoperabilidade de bases de dados de interesse em nível nacional;
- **Promover a integração entre as Escolas de Governo** para ampliar a oferta de cursos relacionados à Inteligência e estruturar capacitações conjuntas;
- **Estabelecer processo de gestão** por competências para capacitação em Inteligência;
- **Fortalecer a educação a distância (EAD);**

**Aplicação em concurso:**

- *ABIN/Oficial Técnico de Inteligência– CESPE – 2018*

  "O fortalecimento da educação a distância é um dos objetivos estratégicos a serem atingidos pelo Sistema Brasileiro de Inteligência (SISBIN) no cumprimento de sua missão".

  *Afirmativa correta.*

- **Promover a qualificação técnica** para proteção e exploração do campo cibernético;
- Aumentar a representação **da atividade de Inteligência no exterior;**
- **Incrementar a interação do SISBIN** com os demais sistemas de inteligência em temas de interesse;
- **Aperfeiçoar a qualificação** de adidos e demais agentes diplomáticos;
- **Aumentar a participação** em fóruns, eventos e encontros internacionais;

- **Ampliar as redes de parcerias** e incrementar os acordos de cooperação internacional;
- **Apoiar as instituições brasileiras** em sua atuação no exterior;
- **Ampliar o intercâmbio** de informações entre os órgãos brasileiros com atuação no exterior;
- **Consolidar a atividade de Inteligência** em questões externas estratégicas;
- Estabelecer temas prioritários para produção de conhecimentos referentes **às seguintes ameaças: corrupção, crime organizado, ilícitos transnacionais e terrorismo;**
- Aprimorar os meios de compartilhamento de informações **sobre as seguintes ameaças: corrupção, crime organizado, ilícitos transnacionais e terrorismo;**
- **Criar protocolos específicos para atuação integrada do SISBIN** em relação às seguintes ameaças: corrupção, crime organizado, ilícitos transnacionais e terrorismo;
- **Identificar os principais temas de interesse nacional** para defesa contra ações adversas externas;
- Estabelecer sistema de alerta para **prevenção de potenciais ações adversas;**
- **Criar protocolos específicos** para atuação integrada visando a neutralização de ações adversas;
- Acompanhar e apoiar o processo legislativo nos **temas de interesse da atividade de Inteligência; e**
- Aperfeiçoar o marco legal da **atividade de Inteligência.**

O **quadro sintético** abaixo mostra as correlações entre os eixos estruturantes, os desafios e os objetivos estratégicos.

É importante ressaltar que a distribuição de **desafios e objetivos pelos Eixos** se realizou com base nos vínculos mais nítidos e fortes, porém, na dinâmica de interações desses três elementos, existe uma transversalidade que lhe é própria. Objetivos podem impactar vários desafios, que, por sua vez, podem se associar a diferentes eixos, fruto da natureza orgânica da Estratégia:

## Quadro 1 – Correlações entre os Eixos Estruturantes, os Desafios e os Objetivos Estratégicos.

| EIXOS ESTRUTURANTES | DESAFIOS | OBJETIVOS ESTRATÉGICOS |
|---|---|---|
| **1. Atuação em rede** | 1.1 Fortalecimento da atuação integrada e coordenada da atividade de Inteligência | – Aprimorar os processos e protocolos para comunicação e compartilhamento de informações<br>– Mapear e gerenciar os principais processos a serem realizados no SISBIN<br>– Definir e regular critérios para atuação conjunta e coordenada no âmbito do SISBIN |
| | 1.2 Fortalecimento de cultura de proteção do conhecimento e de preservação do sigilo | – Criar protocolos conjuntos para proteção de conhecimentos sensíveis<br>– Aperfeiçoar o processo de gestão de riscos<br>– Fomentar a cultura de proteção do conhecimento na sociedade |
| **2. Tecnologia e Capacitação** | 2.1 Maior utilização de tecnologias de ponta, especialmente no campo cibernético | – Ampliar a capacidade do Estado na obtenção de dados por meio da Inteligência cibernética<br>– Fortalecer a capacidade de pesquisa e desenvolvimento em tecnologia da informação e comunicação (TIC)<br>– Aprimorar a capacidade de desenvolver e implementar criptografia de Estado<br>– Modernizar a infraestrutura de tecnologia da informação e comunicação (TIC) |

| | | |
|---|---|---|
| 2. **Tecnologia e Capacitação** | 2.2 Intensificação do uso de tecnologias de tratamento e análise de grandes volumes de dados (**Big Data** e **Analytics**) | – Ampliar a capacidade de obtenção e análise de grandes volumes de dados estruturados e não estruturados<br>– Aprimorar a estruturação e o compartilhamento de bases de dados de Inteligência<br>– Promover a interoperabilidade de bases de dados de interesse em nível nacional |
| | 2.3 Ampliação e aperfeiçoamento do processo de capacitação para atuação na área de Inteligência | – Promover a integração entre as Escolas de Governo para ampliar a oferta de cursos relacionados à Inteligência e estruturar capacitações conjuntas<br>– Estabelecer processo de gestão por competências para capacitação em Inteligência<br>– Fortalecer a educação a distância (EAD)<br>– Promover a qualificação técnica para proteção e exploração do campo cibernético |
| 3. **Projeção internacional** | 3.1 Ampliação da internacionalização da atividade de Inteligência brasileira | – Aumentar a representação da atividade de Inteligência no exterior<br>– Incrementar a interação do SISBIN com os demais sistemas de inteligência em temas de interesse<br>– Aperfeiçoar a qualificação de adidos e demais agentes diplomáticos<br>– Aumentar a participação em fóruns, eventos e encontros internacionais |

| | | |
|---|---|---|
| **3. Projeção internacional** | 3.2 Apoio ao fortalecimento da inserção do País no cenário internacional | – Ampliar as redes de parcerias e incrementar os acordos de cooperação internacional<br>– Apoiar as instituições brasileiras em sua atuação no exterior<br>– Ampliar o intercâmbio de informações entre os órgãos brasileiros com atuação no exterior<br>– Consolidar a atividade de Inteligência em questões externas estratégicas |
| **4. Segurança do Estado e da sociedade** | 4.1 Apoio ao combate à corrupção, ao crime organizado, aos ilícitos transnacionais e ao terrorismo | – Estabelecer temas prioritários para produção de conhecimentos referentes às seguintes ameaças: corrupção, crime organizado, ilícitos transnacionais e terrorismo<br>– Aprimorar os meios de compartilhamento de informações sobre as seguintes ameaças: corrupção, crime organizado, ilícitos transnacionais e terrorismo<br>– Criar protocolos específicos para atuação integrada do SISBIN em relação às seguintes ameaças: corrupção, crime organizado, ilícitos transnacionais e terrorismo |
| | 4.2 Monitoramento e enfrentamento eficaz de ações adversas contra interesses nacionais | – Identificar os principais temas de interesse nacional para defesa contra ações adversas externas |

| | | |
|---|---|---|
| **4. Segurança do Estado e da sociedade** | | – Estabelecer sistema de alerta para prevenção de potenciais ações adversas<br>– Criar protocolos específicos para atuação integrada visando a neutralização de ações adversas |
| | 4.3 Aprimoramento da legislação para a atividade de Inteligência | – Acompanhar e apoiar o processo legislativo nos temas de interesse da atividade de Inteligência<br>– Aperfeiçoar o marco legal da atividade de Inteligência |

## 9.1 Orientadores

São apresentadas, a seguir, orientações que devem ser consideradas e adotadas, quando do desdobramento dos objetivos da ENINT no **Plano Nacional de Inteligência**, para garantir a atuação integrada e coordenada do SISBIN e a entrega de resultados que impactem positivamente o Estado e a sociedade brasileira. Os orientadores direcionam os esforços para questões essenciais e, apesar dos diferentes enfoques, devem ser considerados de forma integrada, a fim de que as ações subsequentes estejam em harmonia com os objetivos definidos:

- Aperfeiçoamento do fluxo de **produção de conhecimentos** sobre ameaças e oportunidades;
- **Direcionamento da produção** de conhecimentos para temas priorizados;
- **Intercâmbio em capacitação e de conhecimentos** sobre tecnologia da informação e comunicação, especialmente no campo cibernético, com os setores privado e público, acadêmico e com outros países;
- Fortalecimento dos **sistemas de segurança** da informação em estruturas críticas do País;

- Desenvolvimento integrado de soluções que atendam às diversas necessidades do **SISBIN** no campo tecnológico;
- **Aproximação e cooperação** com entes privados que custodiem informações de interesse para a atividade de Inteligência;
- Maior **interação com Estados** e organismos estrangeiros;
- As interações com estrangeiros devem atentar para questões de **contrainteligência;**
- Compartilhamento do **conhecimento** com as instituições e órgãos brasileiros que atuam no exterior;
- Ampliação da **interação com a sociedade**, órgãos representativos e com o Poder Legislativo;
- **Intercâmbio** de melhores práticas na atividade de Inteligência entre os órgãos do SISBIN;
- Compatibilização de **plataformas** de educação a distância das Escolas de Governo;
- **Proteção adequada** de fontes, técnicas, conhecimentos e profissionais;
- Responsabilização pela **quebra de sigilo** dos conhecimentos compartilhados;
- Sensibilização para a importância da **proteção do conhecimento**; e
- Atuação **integrada** entre as assessorias parlamentares e jurídicas dos órgãos do **SISBIN.**

## 10. IMPLEMENTAÇÃO DA ESTRATÉGIA

A **ENINT** define a direção a ser seguida e consolida os objetivos estratégicos a serem alcançados, contudo, é na implementação integrada das ações que a Estratégia se consolidará. A implementação se dará com a elaboração e a consecução do Plano Nacional de Inteligência. O Plano será o documento que explicitará a forma de se atingir o que a ENINT propõe e onde serão definidos os parâmetros de atuação dos órgãos do SISBIN.

Para a estruturação do **Plano Nacional de Inteligência,** deverá ser elaborada uma matriz de responsabilidades que contemple o conjunto de ações e metas estipuladas para o cumprimento dos objetivos da Estratégia. Além disso, o Plano deverá contar com mecanismos de acompanhamento da execução das ações e do atingimento de metas, conferindo, assim, maior legitimidade à atuação do SISBIN.

A elaboração e a consolidação do **Plano Nacional de Inteligência** serão processos liderados pelo Conselho Consultivo do Sistema Brasileiro de Inteligência (Consisbin) e deverão abranger todo o Sistema. O Consisbin monitorará, ainda, a implementação do Plano e se reunirá periodicamente para discutir o andamento das ações e propor as medidas corretivas necessárias.

## 11. CONCLUSÃO

A capacidade do **Sistema de Inteligência** de compreender o ambiente estratégico onde está inserido e fazer as escolhas corretas e necessárias determina sua força competitiva e sua competência para promover e defender os interesses do Estado e da sociedade brasileira.

A **ENINT** teve esse propósito. Mapear o ambiente, identificando as forças, os pontos de melhoria, as ameaças e as oportunidades para o pleno desenvolvimento da atividade de Inteligência e para o desenvolvimento do País. As escolhas feitas e as prioridades estabelecidas, sempre tendo como base as orientações emanadas da PNI, tiveram como finalidade deixar claro qual o caminho a ser seguido e em que condições essa trajetória ocorrerá.

A **definição** dos desafios e dos eixos demonstra claramente isso, uma vez que foi baseada em escolhas criteriosas das prioridades mais estruturantes.

Nesse sentido, é importante ressaltar que, para o atingimento dos objetivos aqui definidos, o **Plano Nacional de Inteligência** assume papel fundamental. Implementar as definições estratégicas significa adotar ações que materializem a entrega do valor para o Estado e a sociedade brasileira, de forma eficiente e oportuna, e demonstra a habilidade do Sistema de tornar a sua estratégia efetiva.

# Lei 11.776/2008 – Estrutura dos cargos da ABIN

O PRESIDENTE DA REPÚBLICA

Faço saber que o Congresso Nacional decreta e eu sanciono a seguinte Lei:

CAPÍTULO I
**Âmbito de Abrangência**

**Art. 1º** Esta Lei dispõe sobre a estruturação do **Plano de Carreiras e Cargos da Agência Brasileira de Inteligência - ABIN** e sobre a criação das Carreiras de Oficial de Inteligência, Oficial Técnico de Inteligência, Agente de Inteligência e Agente Técnico de Inteligência, no âmbito do Quadro de Pessoal da ABIN.

1. **Cargos da ABIN**: esta norma tem como objetivo determinar a estrutura de cargo na Agência Brasileira de Inteligência.
2. **Cargos existentes anteriores à lei**: Importante recordar que antes da reformulação dos cargos da ABIN, tínhamos os cargos de Assistente de Informações, que seria o cargo de nível médio (intermediário), e o cargo de Analista de Informações, que seria o cargo de nível superior.

CAPÍTULO II
**Carreiras e Cargos da ABIN**

**Art. 2º** Fica estruturado o Plano de Carreiras e Cargos da ABIN, composto pelas seguintes Carreiras e cargos:

I – **de nível superior**:

a) Carreira de **Oficial de Inteligência**, composta pelo cargo de Oficial de Inteligência; e

b) Carreira de **Oficial Técnico de Inteligência**, composta pelo cargo de Oficial Técnico de Inteligência;

II – de **nível intermediário**:

a) Carreira de **Agente de Inteligência**, composta pelo cargo de Agente de Inteligência; e

b) Carreira de **Agente Técnico de Inteligência**, composta pelo cargo de Agente Técnico de Inteligência;

III – cargos de provimento efetivo, de níveis superior e intermediário do Grupo Informações, de que trata o inciso I do caput do art. 2º da Lei nº 10.862, de 20 de abril de 2004, do Quadro de Pessoal da ABIN; e

IV – cargos de provimento efetivo, de níveis superior, intermediário e auxiliar do Grupo Apoio, de que trata o inciso II do caput do art. 2º da Lei nº 10.862, de 20 de abril de 2004, do Quadro de Pessoal da ABIN.

Parágrafo único. Os cargos a que se refere o caput deste artigo são de provimento efetivo e regidos pela Lei nº 8.112, de 11 de dezembro de 1990.

1. **Cargos de nível intermediário e superior**: cargos atuais são divididos em cargos de nível intermediário (cargos de nível médio) e cargos de nível superior (que exigem nível superior de escolaridade).
2. **Cargos atuais da ABIN**:
   - **Cargos de Nível Superior**: Oficial de Inteligência e Oficial técnico de inteligência.
   - **Cargos de Nível Intermediário**: Agente de Inteligência e Agente Técnico de Inteligência.
3. **Comparativo entre os cargos antigos e os criados pela lei**: o atual **Oficial de Inteligência** era o antigo cargo *de Analista de Informações* e o **Agente de Inteligência** era o antigo cargo *de Assistente de Informações.*
4. **Dica Importante**: o candidato deve ficar atento neste artigo aos incisos I e II, pois são os que criam novas nomenclaturas de cargos. Os incisos III e IV fazem referência apenas a transição, não tendo muita relevância para um concurso.

**Art. 3º** Os **cargos de nível superior**, intermediário e auxiliar do Plano de Carreiras e Cargos da ABIN são agrupados em classes e padrões, conforme estabelecido no Anexo I desta Lei.

§ 1º Os atuais cargos, ocupados e vagos, de Analista de Informações, de que trata a Lei nº 10.862, de 20 de abril de 2004, passam a denominar-se Oficial de Inteligência e a integrar a Carreira de que trata a alínea *a* do inciso I do caput do art. 2º desta Lei.

§ 2º Os atuais cargos, ocupados e vagos, de Assistente de Informações, de que trata a Lei nº 10.862, de 20 de abril de 2004, passam a denominar-se Agente de Inteligência e a integrar a Carreira de que trata a alínea *a* do inciso II do caput do art. 2º desta Lei.

§ 3º A alteração de denominação dos cargos referidos nos §§ 1º e 2º deste artigo não representa, para qualquer efeito legal, inclusive para efeito de aposentadoria, descontinuidade em relação ao cargo e às atribuições desenvolvidas pelos seus titulares.

§ 4º Os cargos de nível superior do Grupo Informações do Quadro de Pessoal da ABIN vagos ou que venham a vagar a partir de 5 de junho de 2008 são transformados em cargos de Oficial Técnico de Inteligência, e os cargos de nível intermediário do Grupo Informações do Quadro de Pessoal da ABIN vagos ou que venham a vagar a partir de 5 de junho de 2008 são transformados em cargos de Agente Técnico de Inteligência. (Redação dada pela Lei nº 12.702, de 2012)

§ 5º Os cargos de nível superior, intermediário e auxiliar do Grupo Apoio do Quadro de Pessoal da ABIN serão extintos quando vagos.

1. **Modificação da nomenclatura dos cargos**: ver comentário do artigo 2º da Lei 11.776/08.

**Art. 3º-A**. Os **titulares do cargo efetivo de nível superior** de Instrutor de Informações do Grupo Informações possuidores do Curso de Informações Categoria "A" da extinta Escola Nacional de Informações - EsNI ou do Curso de Aperfeiçoamento em Inteligência do extinto Centro de Formação e Aperfeiçoamento de Recursos Humanos - CEFARH ou de curso equivalente da Escola de Inteligência, titulado como Analista de Informações, em função da formação específica de que é possuidor, ficam enquadrados em cargos de Oficial de Inteligência, integrantes da Carreira de que trata a alínea *a* do inciso I do caput do art. 2º. (Redação dada pela Lei nº 12.702, de 2012)

§ 1º O enquadramento dos servidores de que trata o caput na Carreira de Oficial de Inteligência fica condicionado à comprovação de que: (Incluído pela Lei nº 12.277, de 2010)

I – preenchem os requisitos para ingresso no cargo de Oficial de Inteligência; (Incluído pela Lei nº 12.277, de 2010)

II – suas atribuições guardam similaridade em diferentes graus de complexidade e responsabilidade com o exercício de atividades de natureza técnico-administrativas relacionadas à obtenção, análise e disseminação de conhecimentos e ao desenvolvimento de recursos humanos para a atividade de inteligência; (Incluído pela Lei nº 12.277, de 2010)

III – sua investidura haja observado as pertinentes normas constitucionais e ordinárias anteriores a 5 de outubro de 1988 e, se posterior a essa data, tenha decorrido de aprovação em concurso público. (Incluído pela Lei nº 12.277, de 2010)

§ 2º Atendidas as condições de que tratam os incisos I, II e III do § 1º deste artigo, os servidores de que trata o caput serão enquadrados nos cargos do Plano de Carreiras e Cargos da Abin, observados a similaridade de suas atribuições, os requisitos de formação profissional e a posição relativa na Tabela de Correlação, nos termos do Anexo VII desta Lei. (Incluído pela Lei nº 12.277, de 2010)

§ 3º Ao Diretor-Geral da Abin incumbe efetivar os enquadramentos de que trata o § 1º deste artigo. (Incluído pela Lei nº 12.277, de 2010)

**Art. 4º** Ficam criados, no Quadro de Pessoal da ABIN, 240 (duzentos e quarenta) cargos de Oficial Técnico de Inteligência e 200 (duzentos) cargos de Agente Técnico de Inteligência.

1. **Criação de vagas**: a lei criou novas vagas na estrutura organizacional da ABIN. Foram criados 240 vagas para os cargos de Oficial Técnico de Inteligência e 200 vagas para o cargo de Agente Técnico de Inteligência.

**Art. 5º** As **Carreiras e os cargos do Plano de Carreiras e Cargos da ABIN** destinam-se ao exercício das respectivas atribuições em diferentes níveis de complexidade e responsabilidade, bem como ao exercício de atividades de natureza técnica, administrativa e de gestão relativas à obtenção, análise e disseminação de conhecimentos.

1. **Carreiras da ABIN:** o artigo 8º da Lei 11776/08 trata das atribuições dos cargos da ABIN, tanto os de nível superior, quanto os de nível intermediário. Importante a leitura atenta do referido artigo.

**Art. 6º** É de **40 (quarenta) horas semanais a carga horária** de trabalho dos titulares dos cargos integrantes do Plano de Carreiras e Cargos da ABIN, ressalvadas as hipóteses amparadas em legislação específica.

§ 1º Aos titulares dos cargos integrantes das Carreiras de que tratam a alínea *a* do inciso I e a alínea *a* do inciso II do caput do art. 2º aplica-se o **regime de dedicação exclusiva**, com o impedimento do exercício de outra atividade remunerada, pública ou privada, ressalvado o exercício do magistério, havendo compatibilidade de horários e ausência de conflito de interesses, mediante autorização específica regulamentada em ato do Diretor-Geral da ABIN. (Redação dada pela Lei nº 12.702, de 2012)

§ 2º Nos casos aos quais se aplique o **regime de trabalho por plantões, escala ou regime de turnos alternados por revezamento**, é de no **máximo 192** (cento e noventa e duas) horas mensais a jornada de trabalho dos integrantes dos cargos referidos no caput deste artigo.

§ 3º O plantão e a escala ou o regime de turnos alternados por revezamento serão regulamentados em ato do Diretor-Geral da ABIN, observada a legislação vigente.

1. **Carga horário dos cargos integrantes do Plano de Carreiras da ABIN**: 40 horas semanais.
2. **Regime de trabalho de plantões**: no caso de regime de trabalho por plantões, escala ou regime de turnos alternados por revezamento, é de no **máximo 192 horas.**
3. **Dedicação exclusiva**: os cargos de **Oficial de Inteligência** e **Agente de Inteligência** submetem-se ao regime de **dedicação exclusiva**, não podendo exercer outra atividade remunerada, **salvo magistério**. No caso de acumulação de cargos com atividade de magistério é necessário compatibilidade de horários, ausência de conflitos de interesse e autorização do Diretor Geral da ABIN.
4. **Importante:** quanto às carreiras de ***Oficial Técnico de Inteligência*** e ***Agente Técnico de Inteligência*** não são consideradas carreiras de dedicação exclusiva, podendo ocupar outras funções.

**Art. 7º** Os servidores da ABIN, no exercício de suas funções, ficam também submetidos ao conjunto de **deveres e responsabilidades** previstos em código de ética do profissional de inteligência, editado pelo Diretor-Geral da ABIN.

1. **Código de ética do profissional de inteligência**: os servidores da ABIN ficam condicionados aos deveres e responsabilidades do código de ética profissional de inteligência. Utiliza atualmente o decreto 1.171/94 que é o **Código de Ética Profissional do Servidor Público Civil do Poder Executivo Federal.**

**Aplicação em concurso:**

- *ABIN/Agente Técnico de Inteligência– CESPE – 2010*

  *"Os servidores da ABIN, no exercício de suas funções, estão sujeitos ao conjunto de deveres e responsabilidades previstos em código de ética do profissional de inteligência, editado pelo diretor-geral da ABIN."*

  *Afirmativa correta. É o que fala o artigo 7º da Lei 11776/08.*

**Art. 8º** São **atribuições** do cargo de **Oficial de Inteligência**:

I – **planejar, executar, coordenar, supervisionar e controlar**:

a) produção de conhecimentos de inteligência;

b) ações de salvaguarda de assuntos sensíveis;

c) operações de inteligência;

d) atividades de pesquisa e desenvolvimento científico ou tecnológico direcionadas à obtenção e à análise de dados e à segurança da informação; e

e) o desenvolvimento de recursos humanos para a atividade de inteligência; e

II – **desenvolver e operar máquinas, veículos, aparelhos, dispositivos, instrumentos, equipamentos e sistemas necessários à atividade de inteligência.**

## 1. Atribuições do cargo da ABIN:

| Oficial de Inteligência | Agente de Inteligência | Oficial Técnico de Inteligência | *Agente Técnico de Inteligência* |
|---|---|---|---|
| planejar, executar, coordenar, supervisionar e controlar a produção de conhecimentos de inteligência; as ações de salvaguarda de assuntos sensíveis; as operações de inteligência; as atividades de pesquisa e de- | oferecerá **suporte** especializado às atividades decorrentes das atribuições do Oficial de Inteligência. | planejar, executar, coordenar, supervisionar e controlar a produção de conhecimentos de inteligência; as ações de salvaguarda de assuntos sensíveis; as operações de inteligência; as atividades de pesquisa e de- | oferecerá **suporte** especializado às atividades decorrentes das atribuições do Oficial Técnico de Inteligência. |

| Oficial de Inteligência | Agente de Inteligência | Oficial Técnico de Inteligência | *Agente Técnico de Inteligência* |
|---|---|---|---|
| senvolvimento científico ou tecnológico direcionadas à obtenção e análise de dados e à segurança da informação; o desenvolvimento de recursos humanos para a atividade de inteligência; além de desenvolver e operar máquinas, veículos, aparelhos, dispositivos, instrumentos, equipamentos e sistemas necessários à atividade de inteligência. | | senvolvimento científico ou tecnológico direcionadas à obtenção e análise de dados e à segurança da informação; atividades de construção e manutenção de prédios e outras instalações, desenvolver recursos humanos para a atividade de inteligência; além de desenvolver e operar máquinas, veículos, aparelhos, dispositivos, instrumentos, equipamentos e sistemas necessários à atividade de inteligência. | |

2. **ATENÇÃO!!** Percebam que atribuições do Oficial Técnico de Inteligência são as mesmas do Oficial de Inteligência, porém as atribuições daquele estão relacionadas à gestão técnico-administrativa e apoio logístico. *O Oficial Técnico de Inteligência* também tem uma atribuição específica que é a ***atividade de construção e manutenção de prédios e outras instalações***.

**Art. 9º** É atribuição do cargo de **Agente de Inteligência** oferecer suporte especializado às atividades decorrentes das atribuições definidas no art. 8º desta Lei.

1. **Atribuição do cargo de Agente de Inteligência**: ver comentário do artigo 8º da Lei 11.776/08.

**Aplicação em concurso:**

- *ABIN/Agente de Inteligência– CESPE – 2018*

  *"O agente de inteligência tem como atribuição oferecer suporte especializado às atividades do oficial de inteligência previstas em lei, podendo ambos ser designados para prestar serviço no exterior".*

  *Afirmativa correta. É o que fala o artigo 9º e 10 º da Lei 11776/08.*

**Art. 10.** Os titulares dos cargos de Oficial de Inteligência e de Agente de Inteligência **poderão ser designados para prestar serviço no exterior**, nos termos da Lei nº 5.809, de 10 de outubro de 1972, e legislação correlata, conforme dispuser ato do Poder Executivo. (Regulamento)

1. **Serviço no exterior**: os cargos de **Oficial de Inteligência e de Agente de Inteligência** poderão ser designados para prestar serviço no exterior.
2. **Lei 5809/72**: caso um servidor da ABIN seja designado para prestar serviço no exterior, tal afastamento será regido pela lei 5.809/72 que dispõe sobre a retribuição e direitos do pessoal civil e militar em serviço da União no exterior.

**Art. 11.** São atribuições do cargo de **Oficial Técnico de Inteligência:**

I – planejar, executar, coordenar, supervisionar e controlar as atividades de gestão técnico-administrativas, suporte e apoio logístico:

a) produção de conhecimentos de inteligência;

b) ações de salvaguarda de assuntos sensíveis;

c) operações de inteligência;

d) atividades de pesquisa e desenvolvimento científico ou tecnológico, direcionadas à obtenção e análise de dados e à segurança da informação; e

e) atividades de construção e manutenção de prédios e outras instalações;

II – desenvolver recursos humanos para a gestão técnico-administrativa e apoio logístico da atividade de inteligência; e

III – desenvolver e operar máquinas, veículos, aparelhos, dispositivos, instrumentos, equipamentos e sistemas necessários às atividades técnico-administrativas e de apoio logístico da atividade de inteligência.

1. **Atribuição do cargo de Oficial Técnico de Inteligência**: ver comentário do artigo 8º da Lei 11.776/08.

**Art. 12.** É atribuição do cargo de Agente Técnico de Inteligência dar suporte especializado às atividades decorrentes das atribuições definidas no art. 11 desta Lei.

1. **Atribuição do cargo de Agente Técnico de Inteligência**: ver comentário do artigo 8º da Lei 11.776/08.

## CAPÍTULO III
## Concurso Público

**Art. 13.** São requisitos para ingresso na classe inicial dos cargos do Plano de Carreiras e Cargos da ABIN:

I – **aprovação em concurso público** de provas ou de provas e títulos;

II – diploma de **conclusão de ensino superior em nível de graduação**, em cursos reconhecidos pelo Ministério da Educação e, se for o caso, habilitação legal específica, conforme definido no edital do concurso, para os cargos de nível superior; e

III – **certificado de conclusão de ensino médio ou equivalente e habilitação** legal específica, se for o caso, fornecido por instituição de ensino oficialmente autorizada, conforme definido no edital do concurso, para os cargos de nível intermediário.

Parágrafo único. A **comprovação do requisito de escolaridade** previsto neste artigo será **feita por ocasião da convocação para a posse**, decorrente da aprovação em concurso público, sendo eliminado o candidato que deixar de apresentar o correspondente documento comprobatório na forma da legislação vigente.

1. **Concurso Público**: o artigo 13 da referida lei está em total consonância com o artigo 37, inciso II da Constituição Federal que diz que a investidura em cargo ou emprego público depende de aprovação prévia em concurso público de provas ou de provas e títulos, de acordo com a natureza e a complexidade do cargo ou emprego.

2. **Nível de escolaridade para o exercício do cargo**: será necessário conclusão de ensino superior para os cargos de Oficial de Inteligência e Oficial Técnico de Inteligência e certificado de conclusão de ensino médio para os cargos de Agente de Inteligência e Agente Técnico de Inteligência.

3. **Momento da comprovação dos requisitos para ingresso na carreira**: a investidura em cargo público ocorre com a posse, assim a comprovação do requisito de escolaridade previsto neste artigo será feita por ocasião da convocação para a posse.

**Art. 14.** O **concurso público** referido no inciso I do caput do art. 13 desta Lei poderá ser **organizado em etapas**, conforme dispuser o edital de abertura do certame, observado o seguinte:

I – a **primeira etapa**, de caráter eliminatório e classificatório, constituir-se-á de provas objetivas e provas discursivas de conhecimentos gerais e específicos;

II – a **segunda etapa**, de caráter eliminatório, observadas as exigências do cargo e conforme definido em edital, poderá constituir-se de:

a) procedimento de **investigação social** e, se necessário, funcional do candidato;

b) **avaliação médica**, inclusive com a exigência de exames laboratoriais iniciais e, se necessário, complementares;

c) avaliação **psicológica**; e

d) prova de **capacidade física**; e

III – a **terceira etapa**, de caráter eliminatório e classificatório, consistirá na realização de **curso de formação**, com duração e regras gerais definidas em ato do Diretor-Geral da ABIN.

§ 1º A avaliação de títulos, quando prevista, terá caráter classificatório.

§ 2º Caberá ao Diretor-Geral da ABIN, observada a legislação pertinente, emitir os atos normativos necessários para regulamentar a execução do concurso referido no inciso I do caput do art. 13 desta Lei.

§ 3º A investigação social e, se necessário, funcional, de que trata a alínea *a* do inciso II do caput deste artigo, poderá ocorrer durante todo o processo seletivo, incluído o período do curso de formação previsto no inciso III do caput deste artigo.

§ 4º Durante a investigação a que se refere o § 3º deste artigo, a ABIN poderá obter elementos informativos de quem os possa fornecer, inclusive convocando o candidato para ser ouvido ou entrevistado, assegurada a tramitação sigilosa e o direito de defesa.

§ 5º Ato do Diretor-Geral da ABIN definirá regimento escolar aplicável ao curso de formação de que trata o inciso III do caput deste artigo, contendo direitos e deveres do aluno, inclusive com normas e critérios sobre avaliação da aprendizagem, regime disciplinar e de conduta, frequência às aulas e situações de desligamento do curso e exclusão do processo seletivo.

§ 6º O Diretor-Geral da ABIN poderá designar o servidor para ter lotação em qualquer parte do território nacional.

1. **Etapas do concurso:** serão três etapas. **1ª etapa** – provas objetivas e discursivas. **2ª etapa** – avaliações de investigação social, médica, psicológica e teste de capacidade física. **3ª etapa** – curso de formação.

**Art. 15.** A **lotação ideal da ABIN** será fixada periodicamente pelo seu Diretor-Geral, inclusive para fins de remoção de pessoal.

1. **Lotação:** será fixada pelo Diretor-Geral da ABIN.

## CAPÍTULO IV
## Progressão e Promoções

**Art. 16.** O desenvolvimento do servidor nas Carreiras e cargos que integram o Plano de Carreiras e Cargos da ABIN ocorrerá mediante **progressão funcional** e **promoção.**

§ 1º Para os fins do disposto no caput deste artigo, **progressão** é a passagem do servidor para o padrão de vencimento imediatamente superior **dentro de uma mesma classe**, e **promoção**, a passagem do servidor do último padrão de uma **classe para o primeiro padrão da classe imediatamente superior**.

§ 2º Ato do Poder Executivo regulamentará os critérios de concessão de progressão funcional e promoção de que trata o caput deste artigo.

1. **Progressão e promoção**:

| | **Progressão** | **Promoção** |
|---|---|---|
| **Conceito** | é a passagem do servidor para o padrão de vencimento imediatamente superior dentro de uma mesma classe, e promoção, a passagem do servidor do último padrão de uma classe para o primeiro padrão da classe imediatamente superior. | passagem de um servidor de uma classe para outra dentro de uma mesma carreira. |
| **Regras** | **a)** Interstício mínimo de 12 meses entre cada progressão.<br>**b)** Habilitação em avaliação de desempenho individual, como pelo menos 70% de aproveitamento.<br>**c)** Competência e qualificação profissional | ------------------------- |

**Aplicação em concurso:**

- *ABIN/Oficial de Inteligência– CESPE – 2018*

  *"A progressão funcional de um oficial de inteligência ocorre quando ele passa do último padrão de uma classe para o primeiro padrão da classe imediatamente superior".*

  *Afirmativa errado. Na verdade, a explicação da questão tratou do conceito de promoção. Ver artigo 16 da Lei 11776/08.*

**Art. 17.** O **desenvolvimento do servidor nas Carreiras e cargos** que integram o Plano de Carreiras e Cargos da ABIN obedecerá às seguintes regras:

I - interstício mínimo de **doze meses entre** cada progressão; (Redação dada pela Lei nº 13.324, de 2016) (Produção de efeito)

II – habilitação em avaliação de desempenho individual correspondente a, no mínimo, 70% (setenta por cento) do limite máximo da pontuação das avaliações realizadas no interstício considerado para a progressão; e

III - competência e qualificação profissional.

§ 1º O interstício de doze meses de efetivo exercício para a progressão funcional, conforme estabelecido no inciso I do **caput**, será: (Redação dada pela Lei nº 13.324, de 2016) (Produção de efeito)

I - computado em dias, descontados os afastamentos que não forem legalmente considerados de efetivo exercício; e

II – suspenso nos casos em que o servidor se afastar sem remuneração, sendo retomado o cômputo a partir do retorno à atividade.

§ 2º Enquanto não forem regulamentadas, as progressões e as promoções dos titulares de cargos integrantes do Plano de Carreiras e Cargos da ABIN, as progressões funcionais e as promoções de que trata o art. 16 desta Lei serão concedidas observando-se as normas vigentes em 4 de junho de 2008.

§ 3º Na contagem do interstício necessário à promoção e à progressão, será aproveitado o tempo computado até 4 de junho de 2008.

1. **Progressão e promoção:** ver quadro esquemático do artigo 17 da Lei 11.776/08.

**Art. 18.** São **pré-requisitos mínimos para promoção às classes** dos cargos de nível superior de que tratam os incisos I e III do caput do art. 2º desta Lei:

I – para a Segunda Classe, possuir certificação em eventos de capacitação, totalizando, no mínimo, 160 (cento e sessenta) horas, e qualificação profissional com experiência mínima de 7 (sete) anos e meio, ambas no campo específico de atuação de cada cargo;

II – para a Primeira Classe, possuir certificação em eventos de capacitação, totalizando, no mínimo, 240 (duzentas e quarenta) horas, e qualificação profissional com experiência mínima de 16 (dezesseis) anos e 1/2 (meio), ambas no campo específico de atuação de cada cargo; e

III – para a Classe Especial, ser detentor de certificado de conclusão de curso de especialização ou de formação específica equivalente a, no mínimo, 360 (trezentas e sessenta) horas e qualificação profissional com experiência mínima de 25 (vinte e cinco) anos e 1/2 (meio), ambos no campo específico de atuação de cada cargo.

1. **Pré-requisitos mínimos para promoção:**

| Cargos de Nível superior (art. 2º, I) | | |
|---|---|---|
| 2 Classe | 160h (mínimo) (capacitação) | 7 anos e meio (experiência no cargo) |
| 1 Classe | 240h (mínimo) (capacitação) | 16 anos e meio (experiência no cargo) |
| Especial | 360h (mínimo) (capacitação) | 25 anos e meio (experiência no cargo) |
| Cargos de nível intermediário (art. 2º, II) | | |
| 2 Classe | 120h (mínimo ou curso superior) | 7 anos e meio (experiência no cargo) |
| 1 Classe | 200h (mínimo ou curso superior) | 16 anos e meio (experiência no cargo) |
| Especial | 280h (mínimo ou curso superior) | 25 anos e meio (experiência no cargo) |

2. **Obs 1**: Cabe a ABIN implementar programa permanente de capacitação para seus servidores.

3. **Obs 2**: Para fins de promoção, cada evento de capacitação deverá ser computado uma única vez. (art. 22, § 5º da Lei 11.776/08).

**Art. 19**. São **pré-requisitos mínimos para promoção às classes dos cargos** de nível superior de que trata o inciso IV do caput do art. 2º desta Lei:

I – para a Segunda Classe, possuir certificação em eventos de capacitação, totalizando, no mínimo, 80 (oitenta) horas, e qualificação profissional com experiência mínima de 7 (sete) anos e 1/2 (meio), ambas no campo específico de atuação de cada cargo;

II – para a Primeira Classe, possuir certificação em eventos de capacitação, totalizando, no mínimo, 120 (cento e vinte) horas, e qualificação profissional com experiência mínima de 16 (dezesseis) anos e 1/2 (meio), ambas no campo específico de atuação de cada cargo; e

III – para a Classe Especial, ser detentor de certificado de conclusão de curso de especialização ou de formação específica equivalente a, no mínimo, 180 (cento e oitenta) horas e qualificação profissional com experiência mínima de 25 (vinte e cinco) anos e 1/2 (meio), ambos no campo específico de atuação de cada cargo.

1. **Pré-requisitos mínimos para promoção:** para efeito de prova de concurso é importante que o candidato saiba os pré-requisitos mínimos para promoção referente aos cargos do artigo 2º, I e II da Lei 11.776/08. Ver tabela do comentário do artigo 18.

**Art. 20**. **São pré-requisitos mínimos** para promoção às classes dos cargos de nível intermediário de que tratam os incisos II e III do caput do art. 2º desta Lei:

I – para a Segunda Classe, possuir certificação em eventos de capacitação, totalizando, no mínimo, 120 (cento e vinte) horas, ou diploma de conclusão de curso superior e qualificação profissional com experiência mínima de 7 (sete) anos e 1/2 (meio), ambas no campo específico de atuação de cada cargo;

II – para a Primeira Classe, possuir certificação em eventos de capacitação, totalizando, no mínimo, 200 (duzentas) horas, ou diploma de conclusão de curso superior e qualificação profissional com experiência mínima de 16 (dezesseis) anos e 1/2 (meio), ambas no campo específico de atuação de cada cargo; e

III – para a Classe Especial, possuir certificação em eventos de capacitação, totalizando, no mínimo, 280 (duzentas e oitenta) horas, ou diploma de conclusão de curso superior e qualificação profissional com experiência mínima de 25 (vinte e cinco) anos e 1/2 (meio), ambas no campo específico de atuação de cada cargo.

1. **Pré-requisitos mínimos para promoção:** para efeito de prova de concurso é importante que o candidato saiba os pré-requisitos mínimos para promoção referente aos cargos do artigo 2º, I e II da Lei 11.776/08. Ver tabela do comentário do artigo 18.

**Art. 21.** São **pré-requisitos mínimos** para promoção às classes dos cargos de nível intermediário de que trata o inciso IV do caput do art. 2º desta Lei:

I – para a Segunda Classe, possuir certificação em eventos de capacitação, totalizando, no mínimo, 40 (quarenta) horas, ou diploma de conclusão de curso superior e qualificação profissional com experiência mínima de 7 (sete) anos e 1/2 (meio), ambas no campo específico de atuação de cada cargo;

II – para a Primeira Classe, possuir certificação em eventos de capacitação, totalizando, no mínimo, 80 (oitenta) horas, ou diploma de conclusão de curso superior e qualificação profissional com experiência mínima de 16 (dezesseis) anos e 1/2 (meio), ambas no campo específico de atuação de cada cargo; e

III – para a Classe Especial, possuir certificação em eventos de capacitação, totalizando, no mínimo, 120 (cento e vinte) horas, ou diploma de conclusão de curso superior e qualificação profissional com experiência mínima de 25 (vinte e cinco) anos e 1/2 (meio), ambas no campo específico de atuação de cada cargo.

1. **Pré-requisitos mínimos para promoção:** para efeito de prova de concurso é importante que o candidato saiba os pré-requisitos mínimos para promoção referente aos cargos do artigo 2º, I e II da Lei 11.776/08. Ver tabela do comentário do artigo 18.

**Art. 22.** Cabe à **ABIN implementar programa permanente de capacitação, treinamento e desenvolvimento,** destinado a assegurar a profissionalização dos titulares dos cargos integrantes do seu Plano de Carreiras e Cargos.

§ 1º Os eventos de capacitação a que se referem os incisos I, II e III do caput dos arts. 18 a 21 desta Lei poderão ser organizados e realizados no âmbito interno ou mediante treinamento externo, a serem disciplinados em ato do Diretor-Geral da ABIN.

§ 2º Quando realizado em âmbito externo, os eventos de capacitação a que se refere o § 1º deste artigo deverão ser executados por instituição ou estabelecimento de ensino devidamente reconhecido no âmbito da administração pública.

§ 3º A capacitação a que se referem os incisos I, II e III do caput dos arts. 18 a 21 desta Lei deverá ser orientada para o desempenho vinculado às atribuições do cargo.

§ 4º O programa dos cursos e dos demais eventos de capacitação que integrarão o programa a que se refere o caput deste artigo quando ministrados pela ABIN será definido em ato do Diretor-Geral e terá conformidade com as características e necessidades específicas de cada Carreira ou cargo do Plano de Carreiras e Cargos da ABIN, sem prejuízo da possibilidade de turmas mistas em disciplinas comuns.

§ 5º **Para fins de promoção, cada evento de capacitação deverá ser computado uma única vez.**

§ 6º Ato do Diretor-Geral da ABIN estabelecerá, quando necessário, as equivalências entre cursos realizados pela extinta Escola Nacional de Informações, pelo extinto Centro de Formação e Aperfeiçoamento de Recursos Humanos e pela Escola de Inteligência, incluídos os novos cursos que venham a integrar o programa permanente de capacitação, treinamento e desenvolvimento referido no caput deste artigo, tendo em vista as disposições desta Lei.

1. **Programa de capacitação:** tais programa poderão ser realizados e organizados no âmbito interno ou externo.
2. **Cursos realizados externamente**: deverá ser feito em instituição reconhecida pela administração pública.
3. **Demais cursos:** demais cursos que integrarão o programa, quando ministrados pela ABIN, será definido pelo Diretor-Geral.

**Art. 23**. Os titulares de cargos integrantes do Plano de Carreiras e Cargos da ABIN ficam obrigados a **ressarcir ao Erário os custos decorrentes da participação em cursos ou estágios de capacitação realizados no Brasil ou no exterior, nas hipóteses de exoneração** a pedido ou demissão antes de decorrido período igual ao de duração do afastamento.

§ 1º Ato do Ministro de Estado Chefe do Gabinete de Segurança Institucional da Presidência da República fixará os valores das indenizações referidas no caput deste artigo, respeitado o limite de despesas realizadas pelo poder público.

§ 2º Aplica-se o disposto neste artigo aos demais agentes públicos do Quadro de Pessoal da ABIN, inclusive aos servidores titulares de cargos das Carreiras de Ciência e Tecnologia, de que trata a Lei nº 8.691, de 28 de julho de 1993, integrantes do Quadro de Pessoal da ABIN, em exercício no Centro de Pesquisa e Desenvolvimento para a Segurança das Comunicações - CEPESC/ABIN.

1. **Ressarcimento de custos decorrentes de participação em cursos**: em caso de pedido de exoneração ou demissão antes de decorrido período

igual ao de duração do afastamento, o servidor deverá ressarcir o erário. Tal artigo complementa o que está previsto no artigo 95 da lei 8112/90.

## CAPÍTULO V
## Remuneração dos Servidores da ABIN

**Art. 24.** Os titulares dos cargos integrantes das Carreiras a que se referem os incisos I e II do caput do art. 2º desta Lei passam a ser remunerados **exclusivamente por subsídio**, fixado em parcela única, **vedado o acréscimo de qualquer gratificação, adicional, abono, prêmio, verba de representação ou outra espécie remuneratória**.

Parágrafo único. Os valores do subsídio dos titulares dos cargos a que se refere o caput deste artigo são os fixados no Anexo II desta Lei, com efeitos financeiros a partir das datas nele especificadas.

1. **Subsídio**: os ocupantes de cargos da ABIN passam a ser remunerados por subsídio, que seria uma parcela única onde é vedado acréscimo **vedado o acréscimo de qualquer gratificação, adicional, abono, prêmio, verba de representação ou outra espécie remuneratória**.

**Art. 25.** Estão **compreendidas no subsídio** e **não são mais devidas aos titulares dos cargos a que se referem os incisos I e II** do caput do art. 2º desta Lei, a partir de 5 de junho de 2008, as seguintes parcelas remuneratórias:

I – Vencimento Básico;

II – Gratificação de Desempenho de Atividade de Informações – GDAI, de que trata o art. 11 da Lei nº 10.862, de 20 de abril de 2004;

III – Gratificação de Habilitação e Qualificação – GHQ, de que trata o § 3º do art. 9º da Lei nº 10.862, de 20 de abril de 2004; e

IV – Vantagem Pecuniária Individual, de que trata a Lei nº 10.698, de 2 de julho de 2003.

Parágrafo único. Considerando o disposto no art. 24 desta Lei, aos titulares dos cargos a que se refere o caput deste artigo não se aplica o disposto no art. 14 da Lei nº 8.162, de 8 de janeiro de 1991, além de não fazerem jus à percepção das seguintes vantagens remuneratórias:

I – Gratificação de Desempenho de Atividade de Informações Estratégicas – GDI, de que trata o art. 2º da Lei nº 9.651, de 27 de maio de 1998;

II – Gratificação de Atividade – GAE, de que trata a Lei Delegada nº 13, de 27 de agosto de 1992;

III – Gratificação de Desempenho de Atividade Técnico-Administrativa – GDATA, de que trata a Lei nº 10.404, de 9 de janeiro de 2002;

IV – as referentes à conclusão do Curso de Formação em Inteligência, do Curso de Formação Básica em Inteligência I, do Curso de Formação Básica em Inteligência II, do Curso de Especialização em Inteligência, do Curso de Aperfeiçoamento em Inteligência e do Curso Avançado de Inteligência, referidos na Lei nº 10.862, de 20 de abril de 2004; e

V – Gratificação de Desempenho de Atividades de Informação e Inteligência – GDAIN e Gratificação de Desempenho de Atividades Complementares na ABIN – GDACABIN de que trata o inciso II do caput do art. 29 desta Lei.

## 1. Composição do subsídio:

<table>
<tr><td rowspan="4">Estão compreendidas no subsídio e não são mais devidas aos titulares dos cargos de nível superior e intermediário da ABIN previstos nos incisos I e II do caput do art. 2º desta Lei.</td><td>I – Vencimento Básico.</td></tr>
<tr><td>II – Gratificação de Desempenho de Atividade de Informações – GDAI.</td></tr>
<tr><td>III – Gratificação de Habilitação e Qualificação – GHQ.</td></tr>
<tr><td>IV – Vantagem Pecuniária Individual.</td></tr>
</table>

**Art. 26. Além das parcelas e vantagens** de que trata o art. 25 desta Lei, não são devidas aos titulares dos cargos a que se referem os incisos I e II do caput do art. 2º desta Lei, a partir de 5 de junho de 2008, as seguintes espécies remuneratórias:

I – vantagens pessoais e vantagens pessoais nominalmente identificadas – VPNI, de qualquer origem e natureza;

II – diferenças individuais e resíduos, de qualquer origem e natureza;

III – valores incorporados à remuneração decorrentes do exercício de função de direção, chefia ou assessoramento ou de cargo de provimento em comissão;

IV – valores incorporados à remuneração referentes a quintos ou décimos;

V – valores incorporados à remuneração a título de adicional por tempo de serviço;

VI – vantagens incorporadas aos proventos ou pensões por força dos arts. 180 e 184 da Lei nº 1.711, de 28 de outubro de 1952, e dos arts. 190 e 192 da Lei nº 8.112, de 11 de dezembro de 1990;

VII – abonos;

VIII – valores pagos a título de representação;

IX – adicional pelo exercício de atividades insalubres, perigosas ou penosas;

X – adicional noturno;

XI – adicional pela prestação de serviço extraordinário; e

XII – outras gratificações e adicionais, de qualquer origem e natureza, que não estejam explicitamente mencionados no art. 28 desta Lei.

## 1. Outras parcelas não integrantes do subsídio:

| **Outras parcelas não integrantes do subsídio** | I – vantagens pessoais e vantagens pessoais nominalmente identificadas – VPNI |
|---|---|
| | II – diferenças individuais e resíduos, de qualquer origem e natureza; |
| | III – valores incorporados à remuneração decorrentes do exercício de função de direção, chefia ou assessoramento ou de cargo de provimento em comissão; |
| | IV – valores incorporados à remuneração referentes a quintos ou décimos; |
| | V – valores incorporados à remuneração a título de adicional por tempo de serviço; |
| | VI – vantagens incorporadas aos proventos ou pensões por força dos arts. 180 e 184 da Lei nº 1.711, de 28 de outubro de 1952, e dos arts. 190 e 192 da Lei no 8.112, de 11 de dezembro de 1990; |
| | VII – abonos; |
| | VIII – valores pagos a título de representação; |
| | IX – adicional pelo exercício de atividades insalubres, perigosas ou penosas; |
| | X – adicional noturno; |

| | |
|---|---|
| | XI – adicional pela prestação de serviço extraordinário; |
| | XII – outras gratificações e adicionais, de qualquer origem e natureza, que não estejam explicitamente mencionados no art. 28 desta Lei. |

**Art. 27.** Os servidores integrantes das Carreiras de que tratam os incisos I e II do caput do art. 2º desta Lei **não poderão perceber cumulativamente com o subsídio** quaisquer valores ou vantagens incorporadas à remuneração **por decisão administrativa, judicial ou extensão administrativa de decisão judicial, de natureza geral ou individual, ainda que decorrentes de sentença judicial transitada em julgado**.

1. **Não cumulatividade com subsídio**: **não poderão perceber cumulativamente com o subsídio** quaisquer valores incorporados à remuneração **por decisão administrativa, judicial ou extensão administrativa de decisão judicial, de natureza geral ou individual, ainda que decorrentes de sentença judicial transitada em julgado**.

**Art. 28.** **O subsídio** dos integrantes das Carreiras de que tratam os incisos I e II do caput do art. 2º desta Lei **não exclui** o direito à percepção, nos termos da legislação e regulamentação específica, das seguintes espécies remuneratórias:

I - gratificação natalina;

II - adicional de férias;

III - abono de permanência de que tratam o § 19 do art. 40 da Constituição Federal, o § 5º do art. 2º e o § 1º do art. 3º da Emenda Constitucional nº 41, de 19 de dezembro de 2003;

IV - retribuição pelo exercício de função de direção, chefia e assessoramento; e

V - parcelas indenizatórias previstas em lei.

1. **Direitos não excluídos do subsídio**:

| | |
|---|---|
| **Direitos não excluídos do subsídio** | I – Gratificação natalina; |
| | II – Acional de férias; |

| | |
|---|---|
| | III – Abono permanência; |
| | IV – Retribuição pelo exercício de função de direção, chefia e assessoramento; |
| | V – Parcelas indenizatórias. |

**Art. 29.** A **estrutura remuneratória** dos titulares dos cargos de níveis superior e intermediário a que se refere o inciso III do caput do art. 2º desta Lei e dos titulares dos cargos de níveis superior, intermediário e auxiliar a que se refere o inciso IV do *caput* do art. 2º desta Lei, a partir de 5 de junho de 2008, terá a seguinte composição:

I - Vencimento Básico; e

II - Gratificação de Desempenho de Atividades de Informações e Inteligência - GDAIN ou Gratificação de Desempenho de Atividades Complementares na ABIN - GDACABIN, conforme o caso, observado o disposto nos arts. 34 a 41 desta Lei.

§ 1º Os padrões de vencimento básico dos cargos referidos no caput deste artigo são os constantes dos Anexos III e IV desta Lei, com efeitos financeiros a partir das datas neles especificadas.

§ 2º Os titulares dos cargos a que se refere o caput deste artigo não farão jus, a partir de 2008, à percepção das seguintes gratificações e vantagens:

I - Gratificação de Desempenho de Atividade de Informações - GDAI, de que trata o art. 11 da Lei nº 10.862, de 20 de abril de 2004;

II - Gratificação de Habilitação e Qualificação - GHQ, de que trata o § 3º do art. 9º da Lei nº 10.862, de 20 de abril de 2004;

III - Vantagem Pecuniária Individual, de que trata a Lei nº 10.698, de 2 de julho de 2003;

IV - Gratificação de Desempenho de Atividade de Informações Estratégicas - GDI, de que trata o art. 2º da Lei nº 9.651, de 27 de maio de 1998;

V - Gratificação de Atividade - GAE, de que trata a Lei Delegada nº 13, de 27 de agosto de 1992;

VI - Gratificação de Desempenho de Atividade Técnico-Administrativa - GDATA, de que trata a Lei nº 10.404, de 9 de janeiro de 2002;

VII - as referentes à conclusão do Curso de Formação em Inteligência, do Curso de Formação Básica em Inteligência I, do Curso de Formação Básica em Inteligência II, do Curso de Especialização em Inteligência, do Curso de Aperfeiçoamento em Inteligência e do Curso Avançado de Inteligência, referidos na Lei nº 10.862, de 20 de abril de 2004; e

VIII – as referentes à aplicação do disposto no art. 14 da Lei nº 8.162, de 8 de janeiro de 1991.

1. **Artigo de transição**: o referido artigo é considerado artigo de transição, assim não tem muita relevância para um concurso público.

**Art. 30.** Os **servidores titulares dos cargos de níveis superior e intermediário** do Grupo Informações e os servidores titulares dos cargos de níveis superior, intermediário e auxiliar do Grupo Apoio do Quadro de Pessoal da ABIN (art. 2º da Lei nº 10.862, de 20 de abril de 2004), serão enquadrados nos cargos do Plano de Carreiras e Cargos da ABIN, de acordo com as respectivas atribuições, os requisitos de formação profissional e a posição relativa na Tabela, nos termos do Anexo VII desta Lei.

§ 1º É vedada a mudança do nível do cargo ocupado pelo servidor em decorrência do disposto no caput deste artigo.

§ 2º O posicionamento dos aposentados e dos pensionistas nas tabelas remuneratórias constantes dos Anexos III, IV, V e VI desta Lei será referenciado à situação em que o servidor se encontrava na data da aposentadoria ou em que se originou a pensão, respeitadas as alterações relativas a posicionamentos decorrentes de legislação específica.

1. **Artigo de transição**: o referido artigo é considerado artigo de transição, assim não tem muita relevância para um concurso público.

**Art. 31.** A aplicação das disposições desta Lei aos **servidores ativos, aos inativos e aos pensionistas** não poderá implicar redução de remuneração, de proventos e de pensões.

§ 1º Na hipótese de redução de remuneração, de provento ou de pensão, em decorrência da aplicação do disposto nesta Lei, eventual diferença será paga:

I – aos servidores integrantes das Carreiras de que tratam os incisos I e II do caput do art. 2º desta Lei, a título de parcela complementar de subsídio, de natureza provisória, que será gradativamente absorvida por ocasião do desenvolvimento no cargo ou na Carreira por progressão ou promoção ordinária ou extraordinária, da reorganização ou da reestruturação dos cargos e das Carreiras ou das remunerações previstas nesta Lei, da concessão de reajuste ou vantagem de qualquer natureza, bem como da implantação dos valores constantes do Anexo II desta Lei; e

II – aos servidores de que tratam os incisos III e IV do caput do art. 2º desta Lei, a título de vantagem pessoal nominalmente identificada, de natureza provisória, que será gradativamente absorvida por ocasião do desenvolvimento no cargo por progressão ou promoção ordinária ou extraordinária, da reorganização ou da reestruturação dos cargos ou das remunerações previstas nesta Lei, da concessão de reajuste ou vantagem de qualquer natureza, bem como da implantação dos valores constantes dos Anexos III, IV, V e VI desta Lei.

§ 2º A parcela complementar de subsídio e a vantagem pessoal nominalmente identificada referidas nos incisos I e II do § 1º deste artigo estarão sujeitas exclusivamente à atualização decorrente de revisão geral da remuneração dos servidores públicos federais.

1. **Artigo de transição**: o referido artigo é considerado artigo de transição, assim não tem muita relevância para um concurso público.

**Art. 32**. Aplica-se às **aposentadorias** concedidas aos servidores integrantes do Plano de Carreiras e Cargos da ABIN de que trata o art. 1º desta Lei e às pensões, ressalvadas as aposentadorias e pensões reguladas pelos arts. 1º e 2º da Lei nº 10.887, de 18 de junho de 2004, no que couber, o disposto nesta Lei em relação aos servidores que se encontram em atividade.

1. **Artigo de transição**: o referido artigo é considerado artigo de transição, assim não tem muita relevância para um concurso público.

**Art. 33**. Ficam instituídas:

I – a **Gratificação de Desempenho** de Atividades de Informações e Inteligência - GDAIN, devida exclusivamente aos servidores de níveis superior e intermediário do Grupo Informações, de que trata o inciso III do caput do art. 2º desta Lei, quando em exercício de atividades nas unidades da ABIN; e

II – a Gratificação de Desempenho de Atividades Complementares na ABIN - GDACABIN, devida exclusivamente aos ocupantes dos cargos de níveis superior, intermediário e auxiliar do Grupo Apoio do Plano Especial de Cargos, de que trata o inciso IV do caput do art. 2º desta Lei, quando em exercício de atividades nas unidades da ABIN.

1. **Artigo de transição**: o referido artigo é considerado artigo de transição, assim não tem muita relevância para um concurso público. Importante que o candidato fique atento às determinações para os cargos do **artigo 2º, incisos I e II (nível superior e intermediário)**. O presente artigo trata dos cargos previstos nos incisos III e IV do mesmo artigo, não sendo tão relevantes ao concurso.

**Art. 34**. A **GDAIN e a GDACABIN** serão atribuídas em função do alcance de metas de desempenho individual do servidor e de desempenho institucional da ABIN.

§ 1º A avaliação de desempenho individual visa a aferir o desempenho do servidor no exercício das atribuições do cargo ou função, com foco na contribuição individual para o alcance dos objetivos organizacionais.

§ 2º A avaliação de desempenho institucional visa a aferir o desempenho coletivo no alcance dos objetivos organizacionais.

§ 3º A GDAIN e a GDACABIN serão pagas com observância dos seguintes limites:

I - máximo, 100 (cem) pontos por servidor; e

II - mínimo, 30 (trinta) pontos por servidor, correspondendo cada ponto ao valor estabelecido no Anexo V desta Lei, para a GDAIN, e no Anexo VI desta Lei, para a GDACABIN.

§ 4º Considerando o disposto nos §§ 1º e 2º deste artigo, a pontuação referente à GDAIN e à GDACABIN terá a seguinte distribuição:

I - até 20 (vinte) pontos percentuais de seu limite máximo serão atribuídos em função dos resultados obtidos na avaliação de desempenho individual; e

II - até 80 (oitenta) pontos percentuais de seu limite máximo serão atribuídos em função dos resultados obtidos na avaliação de desempenho institucional.

§ 5º Os critérios e procedimentos específicos de avaliação de desempenho individual e institucional e de atribuição da GDAIN e da GDACABIN serão estabelecidos em ato do Diretor-Geral da ABIN, observada a legislação vigente.

1. **Artigo de transição**: o referido artigo é considerado artigo de transição, assim não tem muita relevância para um concurso público. Importante que o candidato fique atento às determinações para os cargos do **artigo 2º, incisos I e II (nível superior e intermediário)**. O presente artigo trata dos cargos previstos nos incisos III e IV do mesmo artigo, não sendo tão relevantes ao concurso.

**Art. 35**. Até que sejam **processados os resultados** da primeira avaliação individual e institucional, todos os servidores que a ela fizerem jus perceberão a GDAIN e a GDACABIN em valor correspondente a 80% (oitenta por cento) de seu valor máximo, observada a classe e padrão do servidor, conforme estabelecido nos Anexos V e VI desta Lei.

§ 1º O resultado da primeira avaliação gera efeitos financeiros a partir do início do primeiro período de avaliação, devendo ser compensadas eventuais diferenças pagas a maior ou a menor.

§ 3º O disposto neste artigo aplica-se aos ocupantes de cargos comissionados que fazem jus à GDAIN e à GDACABIN.

1. **Artigo de transição**: o referido artigo é considerado artigo de transição, assim não tem muita relevância para um concurso público. Importante que o candidato fique atento às determinações para os cargos do artigo 2º, **incisos I e II (nível superior e intermediário)**. O presente artigo trata dos cargos previstos nos incisos III e IV do mesmo artigo, não sendo tão relevantes ao concurso.

**Art. 36**. A **GDAIN e a GDACABIN** não servirão de base de cálculo para quaisquer outros benefícios ou vantagens.

1. **Artigo de transição**: o referido artigo é considerado artigo de transição, assim não tem muita relevância para um concurso público. Importante que o candidato fique atento às determinações para os cargos do artigo 2º, incisos I e II (nível superior e intermediário). O presente artigo trata dos cargos previstos nos incisos III e IV do mesmo artigo, não sendo tão relevantes ao concurso.

**Art. 37**. O titular de cargo efetivo de que tratam os incisos III e IV do caput do art. 2º desta Lei, em exercício nas unidades da ABIN, quando investido em cargo em comissão ou função de confiança fará jus à GDAIN ou à GDACABIN da seguinte forma:

I – os investidos em função de confiança ou cargos em comissão do Grupo-Direção e Assessoramento Superiores – DAS, níveis 3, 2, 1, ou equivalentes, perceberão a respectiva gratificação de desempenho calculada conforme disposto no art. 34 desta Lei; e

II – os investidos em cargos em comissão do Grupo-Direção e Assessoramento Superiores – DAS, níveis 6, 5, 4, ou equivalentes, perceberão a respectiva gratificação de desempenho calculada com base no valor máximo da parcela individual, somado ao resultado da avaliação institucional do período.

1. **Artigo de transição**: o referido artigo é considerado artigo de transição, assim não tem muita relevância para um concurso público. Importante que o candidato fique atento às determinações para os cargos do artigo

2º, incisos I e II (nível superior e intermediário). O presente artigo trata dos cargos previstos nos incisos III e IV do mesmo artigo, não sendo tão relevantes ao concurso.

**Art. 38.** O titular de **cargo efetivo** de que tratam os incisos III e IV do caput do art. 2º desta Lei quando não se encontrar em exercício nas unidades da ABIN somente fará jus à GDAIN ou à GDACABIN, conforme o caso:

I – quando cedido para a Presidência ou Vice-Presidência da República ou quando requisitado pela Justiça Eleitoral, situação na qual perceberá a respectiva gratificação de desempenho calculada com base nas regras aplicáveis como se estivesse em efetivo exercício na ABIN; e

II – quando cedido para órgão ou entidade da União distinto dos indicados no inciso I do **caput** deste artigo e investido em cargo de natureza especial ou em comissão do Grupo-Direção e Assessoramento Superiores (DAS) nível 6, 5 ou 4, ou equivalente, situação na qual perceberá a respectiva gratificação de desempenho calculada com base no resultado da avaliação institucional do período. (Redação dada pela Lei nº 13.328, de 2016)

Parágrafo único. A avaliação institucional do servidor alcançado pelos incisos I e II do **caput** será: (Redação dada pela Lei nº 13.328, de 2016)

I – a do órgão ou entidade onde o servidor permaneceu em exercício por mais tempo; (Incluído pela Lei nº 13.328, de 2016)

II – a do órgão ou entidade onde o servidor se encontrar em exercício ao término do ciclo, caso ele tenha permanecido o mesmo número de dias em diferentes órgãos ou entidades; ou (Incluído pela Lei nº 13.328, de 2016)

III – a do órgão de origem, quando requisitado ou cedido para órgão diverso da administração pública federal direta, autárquica ou fundacional. (Incluído pela Lei nº 13.328, de 2016)

1. **Artigo de transição**: o referido artigo é considerado artigo de transição, assim não tem muita relevância para um concurso público. Importante que o candidato fique atento às determinações para os cargos do artigo 2º, incisos I e II (nível superior e intermediário). O presente artigo trata dos cargos previstos nos incisos III e IV do mesmo artigo, não sendo tão relevantes ao concurso.

**Art. 39.** O **servidor ativo** beneficiário da **GDAIN ou da GDACABIN** que obtiver pontuação inferior a 50% (cinqüenta por cento) do seu valor máximo será imediatamente submetido a processo de capacitação ou de análise da adequação funcional, conforme o caso, sob responsabilidade da ABIN.

Parágrafo único. A análise de adequação funcional visa a identificar as causas dos resultados obtidos na avaliação de desempenho e a servir de subsídio para a adoção de medidas que possam propiciar a melhoria do desempenho do servidor.

1. **Artigo de transição**: o referido artigo é considerado artigo de transição, assim não tem muita relevância para um concurso público. Importante que o candidato fique atento às determinações para os cargos do artigo 2º, incisos I e II (nível superior e intermediário). O presente artigo trata dos cargos previstos nos incisos III e IV do mesmo artigo, não sendo tão relevantes ao concurso.

**Art. 40**. Ocorrendo exoneração do cargo em comissão, com manutenção do cargo efetivo, os servidores que façam jus à **GDAIN ou à GDACABIN** continuarão percebendo a respectiva gratificação de desempenho correspondente ao último valor obtido, até que seja processada a sua primeira avaliação após a exoneração.

1. **Artigo de transição**: o referido artigo é considerado artigo de transição, assim não tem muita relevância para um concurso público. Importante que o candidato fique atento às determinações para os cargos do artigo 2º, incisos I e II (nível superior e intermediário). O presente artigo trata dos cargos previstos nos incisos III e IV do mesmo artigo, não sendo tão relevantes ao concurso.

**Art. 41**. Em caso de **afastamentos e licenças** considerados como de efetivo exercício, sem prejuízo da remuneração e com direito à percepção de gratificação de desempenho, o servidor continuará percebendo a respectiva gratificação correspondente ao último percentual obtido, até que seja processada a sua primeira avaliação após o retorno.

Parágrafo único. O disposto no caput deste artigo não se aplica aos casos de cessão.

1. **Artigo de transição**: o referido artigo é considerado artigo de transição, assim não tem muita relevância para um concurso público. Importante que o candidato fique atento às determinações para os cargos do artigo 2º, incisos I e II (nível superior e intermediário). O presente artigo trata dos cargos previstos nos incisos III e IV do mesmo artigo, não sendo tão relevantes ao concurso.

**Art. 42.** Para fins de incorporação da **GDAIN e da GDACABIN** aos proventos de aposentadoria ou às pensões, serão adotados os seguintes critérios:

I – para as aposentadorias concedidas e pensões instituídas até 19 de fevereiro de 2004, a gratificação será correspondente a 50% (cinqüenta por cento) do valor máximo do respectivo nível, classe e padrão; e

II – para as aposentadorias concedidas e pensões instituídas após 19 de fevereiro de 2004:

a) quando ao servidor que deu origem à aposentadoria ou à pensão se aplicar o disposto nos arts. 3º e 6º da Emenda Constitucional nº 41, de 19 de dezembro de 2003, e no art. 3º da Emenda Constitucional nº 47, de 5 de julho de 2005, aplicar-se-á o percentual constante no inciso I do caput deste artigo; e

b) aos demais casos aplicar-se-á, para fins de cálculo das aposentadorias e pensões, o disposto na Lei nº 10.887, de 18 de junho de 2004.

1. **Artigo de transição**: o referido artigo é considerado artigo de transição, assim não tem muita relevância para um concurso público. Importante que o candidato fique atento às determinações para os cargos do artigo 2º, incisos I e II (nível superior e intermediário). O presente artigo trata dos cargos previstos nos incisos III e IV do mesmo artigo, não sendo tão relevantes ao concurso.

**Art. 42-A.** A partir de 1º de julho de 2012, para fins de incorporação da **GDAIN ou da GDACABIN aos proventos de aposentadoria ou às pensões**, serão adotados os seguintes critérios: (Redação dada pela Lei nº 12.702, de 2012)

I – para as aposentadorias e pensões instituídas até 19 de fevereiro de 2004, as gratificações serão correspondentes a 50 (cinquenta) pontos, considerados o nível, classe e padrão do servidor; (Redação dada pela Lei nº 12.702, de 2012)

II – para as aposentadorias e pensões instituídas após 19 de fevereiro de 2004: (Redação dada pela Lei nº 12.702, de 2012)

a) quando percebidas por período igual ou superior a 60 (sessenta) meses e aos servidores que deram origem à aposentadoria ou à pensão se aplicar o disposto nos arts. 3º e 6º da Emenda Constitucional no 41, de 19 de dezembro de 2003, e no art. 3º da Emenda Constitucional nº 47, de 5 de julho de 2005, aplicar-se-á a média dos pontos recebidos nos últimos 60 (sessenta) meses; (Redação dada pela Lei nº 12.702, de 2012)

b) quando percebidas por período inferior a 60 (sessenta) meses, aos servidores de que trata a alínea a deste inciso aplicar-se-ão os pontos constantes do inciso I do caput; e (Redação dada pela Lei nº 12.702, de 2012)

III – para as aposentadorias e pensões que não se enquadrem nas hipóteses previstas nos incisos I e II do caput, aplicar-se-á, para fins de cálculo das aposentadorias e pensões, o disposto na Lei no 10.887, de 18 de junho de 2004. (Redação dada pela Lei nº 12.702, de 2012)

1. **Artigo de transição**: o referido artigo é considerado artigo de transição, assim não tem muita relevância para um concurso público. Importante que o candidato fique atento às determinações para os cargos do artigo 2º, incisos I e II (nível superior e intermediário). O presente artigo trata dos cargos previstos nos incisos III e IV do mesmo artigo, não sendo tão relevantes ao concurso.

**Art. 43.** Os valores devidos ao servidor em razão da **estrutura remuneratória** proposta pela Lei nº 10.862, de 20 de abril de 2004, quanto ao vencimento básico, gratificação de desempenho de qualquer natureza e gratificação de habilitação e qualificação, não podem ser percebidos cumulativamente com os valores de subsídio, vencimento básico e gratificação de desempenho de que tratam os arts. 24 e 29 desta Lei.

§ 1º Os valores percebidos pelos servidores de que tratam as alíneas *a* dos incisos I e II do caput do art. 2º desta Lei a título de remuneração de 1º de abril até 4 de junho de 2008 deverão ser deduzidos do valor devido ao servidor a título de subsídio a partir de 1º de abril de 2008, devendo ser compensados eventuais valores pagos a menor.

§ 2º Os valores percebidos pelos servidores de que tratam os incisos III e IV do caput do art. 2º desta Lei a título de vencimento básico, gratificação de desempenho de qualquer natureza e gratificação de habilitação e qualificação, de 1º de abril até 4 de junho de 2008, com base na estrutura remuneratória constante da Lei nº 10.862, de 20 de abril de 2004, deverão ser deduzidos do montante devido ao servidor a título de vencimento básico e gratificação de desempenho, conforme disposto no art. 29 desta Lei, a partir de 1º de abril de 2008, devendo ser compensados eventuais valores pagos a menor.

1. **Artigo de transição**: o referido artigo é considerado artigo de transição, assim não tem muita relevância para um concurso público.

## CAPÍTULO VI
## Cessão de Servidores

**Art. 44.** Fica **vedada a cessão** dos titulares de cargos integrantes do Quadro de Pessoal da ABIN, **exceto** para os casos previstos em legislação específica ou investidura em cargo de Natureza Especial ou do Grupo-Direção e Assessoramento Superiores – DAS, **níveis 4, 5, 6, ou equivalentes.**

Parágrafo único. As cessões em desconformidade com o disposto no caput deste artigo serão regularizadas até 6 de outubro de 2008.

1. **Cessão de Servidores**: o dispositivo legal determina que a regra é a não cessão de servidores, assim a possibilidade de cessão seria via de exceção.

2. **Hipóteses de cessão de servidores**: para cargos previstos na legislação específica ou investidura de cargo de Natureza Especial ou Grupo-Direção e Assessoramento Superiores – DAS, **níveis 4, 5, 6, ou equivalentes.**

**3. Importante!** Artigo bastante cobrado nas provas.

**Aplicação em concurso:**

- *ABIN/Oficial Técnico de Inteligência– CESPE – 2010*

  *"A cessão dos titulares de cargos integrantes do quadro de pessoal da ABIN só é permitida para os casos previstos em legislação específica ou investidura em cargo de natureza especial ou do grupo de direção e assessoramento superiores (DAS), nos níveis 4, 5 e 6, ou equivalentes".*

  *Afirmativa correta. É o que fala o artigo 44 da Lei 11776/08.*

**Aplicação em concurso:**

- *ABIN/Agente de Inteligência– CESPE – 2018*

  *"A cessão de um agente de inteligência da ABIN para outro órgão público, para investidura em cargo do Grupo-Direção e Assessoramento Superiores, somente pode ocorrer se for para os níveis 4, 5, 6 ou equivalentes".*

  *Afirmativa correta. É o que fala o artigo 44 da Lei 11776/08.*

## CAPÍTULO VII
## Avaliação de Desempenho

**Art. 45.** Os titulares de cargos de provimento efetivo integrantes do Quadro de Pessoal da ABIN **serão submetidos, periodicamente, a avaliação de desempenho**, conforme disposto na legislação em vigor aplicável aos servidores públicos federais e em normas específicas a serem estabelecidas em ato do Diretor-Geral da ABIN, que permitam avaliar a atuação do servidor no exercício do cargo e no âmbito de sua área de responsabilidade ou especialidade.

1. **Avaliação de Desempenho:** o presente artigo traz a possibilidade de avalição de desempenho a ser estabelecido por ato do Diretor-Geral da ABIN.

2. **Previsão constitucional:** a própria carta magna no artigo 41, inciso III, diz que o servidor estável poderá perder o cargo por avaliação de desempenho, assegurado a ampla defesa.

## CAPÍTULO VIII
## Propriedade Intelectual

**Art. 46.** A **propriedade intelectual** criada por qualquer agente público em **decorrência do exercício de suas atribuições** ou na condição de representante da ABIN **pertence exclusivamente à União**, a quem caberá exercer a eventual proteção ou a divulgação do seu conteúdo, conforme disposto em ato do Diretor-Geral da ABIN.

Parágrafo único. O disposto no caput deste artigo **aplica-se aos alunos de cursos ministrados pela ABIN, inclusive aos do curso de formação** integrante do concurso público para ingresso nos cargos de que tratam os incisos I e II do caput do art. 2º desta Lei.

1. **Propriedade Intelectual:** a propriedade intelectual criada em decorrência do exercício das atribuições do cargo do servidor, na condição de representante, em cursos ministrados pela ABIN ou curso de formação, **pertence exclusivamente à União.**

2. **Proteção do conteúdo:** a União caberá exercer a proteção ou divulgação do conteúdo, conforme disposto em ato do Diretor-Geral da ABIN.

▶ **3. Importante!** Artigo bastante cobrado nas provas.

**Aplicação em concurso:**

- *ABIN/Oficial de Inteligência– CESPE – 2018*

  *"A propriedade intelectual decorrente do exercício das atribuições de um oficial de inteligência é exclusiva da União, bem como as decorrentes das atividades de alunos de cursos ministrados pela ABIN".*

  *Afirmativa correta. É o que fala o artigo 46 da Lei 11776/08.*

**Aplicação em concurso:**

- *ABIN/Oficial Técnico de Inteligência– CESPE – 2010*

  *"A propriedade intelectual criada por qualquer agente público em decorrência do exercício de suas atribuições ou na condição de representante*

*da ABIN pertence exclusivamente à União, determinação que não abrange a produção intelectual dos alunos de cursos ministrados pelo órgão, nem patentes requeridas por ex-servidor da ABIN depois de decorrido um ano após a extinção do seu vínculo empregatício".*

*Afirmativa errada. O artigo 46 em seu parágrafo único da Lei 11776/08 diz que é aplicável aos alunos de cursos ministrados pela ABIN, inclusive aos do curso de formação.*

## CAPÍTULO IX
### Disposições finais

**Art. 47. Ficam revogados:**

I – os arts. 2º e 16 da Lei nº 9.651, de 27 de maio de 1998;

II – a Lei nº 10.862, de 20 de abril de 2004;

III – os arts. 12 e 13 da Lei nº 11.233, de 22 de dezembro de 2005;

IV – o art. 7º da Lei nº 11.292, de 26 de abril de 2006; e

V – a Lei nº 11.362, de 19 de outubro de 2006.

**Art. 48.** Esta Lei entra em vigor na data de sua publicação.

1. **Artigo de transição**: o referido artigo é considerado artigo de transição, assim não tem muita relevância para um concurso público.

# Decreto 8.905/2016 – Estrutura Regimental da ABIN

**O PRESIDENTE DA REPÚBLICA**, no uso da atribuição que lhe confere o art. 84, **caput**, inciso VI, alínea "a", da Constituição,

DECRETA:

**Art. 1º Ficam aprovados** a Estrutura Regimental e o Quadro Demonstrativo dos Cargos em Comissão e das Funções de Confiança da Agência Brasileira de Inteligência - ABIN, na forma dos Anexos I e II.

1. **Artigo de transição**: o referido artigo é considerado artigo de transição, assim não tem muita relevância para um concurso público. Importante o candidato frisar em seu anexo I, pois o mesmo trará da estrutura interna dos departamentos da ABIN.

**Art. 2º Ficam remanejados**, na forma do Anexo III, em decorrência do Decreto nº 8.785, de 10 de junho de 2016, os seguintes cargos em comissão do Grupo-Direção e Assessoramento Superiores - DAS:

I - da ABIN para a Secretaria de Gestão do Ministério do Planejamento, Desenvolvimento e Gestão:

a) três DAS 101.3;

b) dois DAS 102.5;

c) sete DAS 102.3;

d) cinco DAS 102.2; e

e) onze DAS 102.1; e

II - da Secretaria de Gestão do Ministério do Planejamento, Desenvolvimento e Gestão para a ABIN:

a) um DAS 101.5;

b) três DAS 101.4; e

c) um DAS 101.2.

1. **Artigo de transição**: o referido artigo é considerado artigo de transição, assim não tem muita relevância para um concurso público. Importante o candidato frisar em seu anexo I, pois o mesmo trata da estrutura interna dos departamentos da ABIN.

**Art. 3º Ficam remanejadas**, da Secretaria de Gestão do Ministério do Planejamento, Desenvolvimento e Gestão para a ABIN, na forma do Anexo IV, em cumprimento à Lei nº 13.346, de 10 de outubro de 2016, as seguintes Funções Comissionadas do Poder Executivo - FCPE:

I - vinte e cinco FCPE 101.4;

II - sessenta e cinco FCPE 101.3; e

III - nove FCPE 101.2.

Parágrafo único. Ficam extintos noventa e nove cargos em comissão do Grupo-DAS conforme demonstrado no Anexo IV.

1. **Artigo de transição**: o referido artigo é considerado artigo de transição, assim não tem muita relevância para um concurso público. Importante o candidato frisar em seu anexo I, pois o mesmo trata da estrutura interna dos departamentos da ABIN.

**Art. 4º** Os ocupantes dos **cargos em comissão** que deixam de existir na Estrutura Regimental da ABIN por força deste Decreto ficam automaticamente exonerados.

1. **Artigo de transição**: o referido artigo é considerado artigo de transição, assim não tem muita relevância para um concurso público. Importante o candidato frisar em seu anexo I, pois o mesmo trata da estrutura interna dos departamentos da ABIN.

**Art. 5º Os apostilamentos** decorrentes das alterações promovidas na Estrutura Regimental da ABIN deverão ocorrer na data de entrada em vigor deste Decreto.

Parágrafo único. O Diretor-Geral da ABIN publicará, no Diário Oficial da União, no prazo de trinta dias, contado da data de entrada em vigor deste Decreto, relação das matrículas dos titulares dos cargos em comissão e das funções de confiança a que se refere o Anexo II, que indicará, inclusive, o número de cargos e funções vagos, suas denominações e seus níveis.

1. **Artigo de transição**: o referido artigo é considerado artigo de transição, assim não tem muita relevância para um concurso público. Importante o candidato frisar em seu anexo I, pois o mesmo trata da estrutura interna dos departamentos da ABIN.

**Art. 6º** O **Diretor-Geral da ABIN** editará **regimento interno** para detalhar as unidades administrativas integrantes da Estrutura Regimental da ABIN, suas competências e as atribuições de seus dirigentes, no prazo de cento e vinte dias, contado da data de entrada em vigor deste Decreto.

§ 1º O regimento interno conterá o Quadro Demonstrativo dos Cargos em Comissão e das Funções de Confiança da ABIN.

§ 2º Fica delegada ao Ministro de Estado Chefe do Gabinete de Segurança Institucional da Presidência da República a competência para a aprovação do regimento interno da ABIN de que trata o § 2º do art. 8º da Lei nº9.883, de 7 de dezembro de 1999.

§ 3º A publicação do regimento interno da ABIN no Diário Oficial da União se dará na forma do art. 9º da Lei nº 9.883, de 1999.

1. **Artigo de transição**: o referido artigo é considerado artigo de transição, assim não tem muita relevância para um concurso público. Importante o candidato frisar em seu anexo I, pois o mesmo trata da estrutura interna dos departamentos da ABIN.

**Art. 7º** O **Diretor-Geral da ABIN** poderá, mediante alteração do regimento interno, permutar cargos em comissão do Grupo DAS com FCPE, desde que não sejam alteradas as unidades da estrutura organizacional básica especificadas na Tabela "a" do Anexo II e sejam mantidos as categorias, os níveis e os quantitativos previstos na Tabela "b" do Anexo II, conforme o disposto no art. 9º do Decreto nº 6.944, de 21 de agosto de 2009.

Parágrafo único. Na hipótese do **caput**, o extrato do regimento interno publicado no Diário Oficial da União incluirá as alterações realizadas no Quadro Demonstrativo dos Cargos em Comissão e das Funções de Confiança da ABIN.

**Art. 8º** Este Decreto **entra em vigor** em 13 de dezembro de 2016.

**Art. 9º Fica revogado** o Decreto nº 6.408, de 24 de março de 2008.

1. **Artigo de transição**: o referido artigo é considerado artigo de transição, assim não tem muita relevância para um concurso público. Importante o candidato frisar em seu anexo I, pois o mesmo trata da estrutura interna dos departamentos da ABIN.

# ANEXO I
## ESTRUTURA REGIMENTAL DA AGÊNCIA BRASILEIRA DE INTELIGÊNCIA – ABIN

### CAPÍTULO I
### DA NATUREZA E COMPETÊNCIA

**Art. 1º** A **Agência Brasileira de Inteligência – ABIN**, órgão integrante do Gabinete de Segurança Institucional da Presidência da República, criada pela Lei nº 9.883, de 7 de dezembro de 1999, é órgão central do Sistema Brasileiro de Inteligência e tem por competência planejar, executar, coordenar, supervisionar e controlar as atividades de Inteligência do País, obedecidas a política e as diretrizes superiormente traçadas na forma da legislação específica.

§ 1º **Compete, ainda, à ABIN**:

I – **executar a Política Nacional de Inteligência** e as ações dela decorrentes, sob a supervisão da Câmara de Relações Exteriores e Defesa Nacional do Conselho de Governo;

II – **planejar e executar ações, inclusive sigilosas, relativas à obtenção** e à análise de dados para a produção de conhecimentos destinados a assessorar o Presidente da República;

III – **planejar e executar a proteção de conhecimentos sensíveis** relativos aos interesses e à segurança do Estado e da sociedade;

IV – **avaliar as ameaças internas e externas** à ordem constitucional;

V – **promover o desenvolvimento de recursos humanos** e da doutrina de Inteligência; e

VI – **realizar estudos e pesquisas para o exercício e o aprimoramento** da Atividade de Inteligência.

§ 2º As **atividades de Inteligência** serão desenvolvidas, no que se refere aos limites de sua extensão e ao uso de técnicas e meios sigilosos, com observância dos direitos e das garantias individuais, e com fidelidade às instituições e aos princípios éticos que regem os interesses e a segurança do Estado.

§ 3º **Os órgãos componentes do Sistema Brasileiro de Inteligência fornecerão à ABIN**, nos termos e nas condições previstos no Decreto nº 4.376, de 13 de setembro de 2002, e nos demais dispositivos legais pertinentes, para fins de integração, **dados e conhecimentos específicos relacionados à defesa das instituições e dos interesses nacionais, sempre que solicitados.**

1. **Competências da ABIN**: o presente artigo traz as competências da ABIN. O assunto já foi abordado na presente obra. Ver quadro esquemático presente no comentário do artigo 4º da Lei 9883/99.

## CAPÍTULO II
## DA ESTRUTURA ORGANIZACIONAL

**Art. 2º** A **ABIN tem a seguinte estrutura organizacional**:

I – órgãos de assistência direta e imediata ao Diretor-Geral da Agência Brasileira de Inteligência:

a) Gabinete;

b) Assessoria de Relações Institucionais e Comunicação Social;

c) Assessoria de Relações Internacionais;

d) Assessoria Jurídica;

e) Corregedoria-Geral;

f) Assessoria Executiva do Sistema Brasileiro de Inteligência; e

g) Secretaria de Planejamento e Gestão:

1. Assessoria de Segurança Orgânica;

2. Centro de Pesquisa e Desenvolvimento para a Segurança das Comunicações;

3. Departamento de Administração e Logística;

4. Departamento de Gestão de Pessoal;

5. Departamento de Planejamento e Gestão Estratégica; e

6. Escola de Inteligência;

II – órgãos específicos singulares:

a) Departamento de Inteligência Estratégica;

b) Departamento de Contrainteligência;

c) Departamento de Contraterrorismo e Ilícitos Transnacionais; e

d) Departamento de Operações de Inteligência; e

III – unidades estaduais.

1. **Estrutura organizacional da ABIN**: o artigo cita qual a estrutura organizacional interna da ABIN. É importante que o candidato saiba qual a competência de cada componente desta estrutura organizacional.

CAPÍTULO III
DA COMPETÊNCIA DAS UNIDADES

**Seção I**
**Dos órgãos de assistência direta e imediata ao Diretor-Geral da Agência Brasileira de Inteligência**

**Art. 3º** Ao **Gabinete** compete:

I – **assistir o Diretor-Geral da ABIN** em sua representação institucional e ocupar-se do preparo e do despacho de seu expediente;

II – **planejar**, executar e coordenar as **atividades de cerimonial** no âmbito da ABIN;

III – providenciar, em articulação com as demais unidades, o atendimento às **consultas e aos requerimentos formulados pelo Congresso Nacional** e aos pedidos de acesso à informação, decorrentes de legislação;

IV – **coordenar,** no âmbito da ABIN, as atividades relacionadas a **ouvidoria**; e

V – **coordenar**, em articulação com as unidades técnicas, a realização e a participação da ABIN em **fóruns de Inteligência e eventos correlatos**, em âmbito nacional e internacional.

1. **Funções do Gabinete:**

| **Funções do Gabinete** | I – **assistir o Diretor-Geral da ABIN** em sua representação institucional e ocupar-se do preparo e do despacho de seu expediente; |
|---|---|
| | **II – planejar**, executar e coordenar as **atividades de cerimonial** no âmbito da ABIN; |
| | III – providenciar, em articulação com as demais unidades, o atendimento às **consultas e aos requerimentos formulados pelo Congresso Nacional** e aos pedidos de acesso à informação, decorrentes de legislação; |
| | **IV – coordenar,** no âmbito da ABIN, as atividades relacionadas a **ouvidoria;** |
| | **V – coordenar**, em articulação com as unidades técnicas, a realização e a participação da ABIN em **fóruns de Inteligência e eventos correlatos**, em âmbito nacional e internacional. |

2. **Importante**: o candidato deverá observar as palavras chaves destacadas, assim o ajudará na memorização das competências de cada unidade administrativa da ABIN.

**Art. 4º À Assessoria de Relações Institucionais e Comunicação Social** compete:

I – **planejar** e gerir ações para o fortalecimento das relações institucionais da ABIN;

II – **planejar**, coordenar e acompanhar, no Congresso Nacional, os projetos de lei e as iniciativas de interesse da ABIN e assessorar o Diretor-Geral da ABIN e os seus dirigentes quanto a atividades e solicitações do Poder Legislativo;

III – **planejar, supervisionar**, controlar e orientar as atividades de **comunicação social** e contatos com a imprensa a fim de atender suas demandas e divulgar assuntos afetos à ABIN, resguardados aqueles considerados de natureza sigilosa;

IV – **organizar campanhas** educativas e publicitárias para **a divulgação da ABIN** junto à sociedade brasileira e à comunidade internacional; e

V – **desenvolver** ações de comunicação voltadas **ao público interno da ABIN**.

1. **Funções da Assessoria de Relações Institucionais e Comunicação Social:**

| Funções da Assessoria de Relações Institucionais e Comunicação Social | **I – planejar** e gerir ações para o fortalecimento das relações institucionais da ABIN; |
|---|---|
| | **II – planejar**, coordenar e acompanhar, no Congresso Nacional, os projetos de lei e as iniciativas de interesse da ABIN e assessorar o Diretor-Geral da ABIN e os seus dirigentes quanto a atividades e solicitações do Poder Legislativo |
| | **III – planejar, supervisionar**, controlar e orientar as atividades de **comunicação social** e contatos com a imprensa a fim de atender suas demandas e divulgar assuntos afetos à ABIN, resguardados aqueles considerados de natureza sigilosa; |

| | |
|---|---|
| | IV – **organizar campanhas** educativas e publicitárias para **a divulgação da ABIN** junto à sociedade brasileira e à comunidade internacional; |
| | V – **desenvolver** ações de comunicação voltadas **ao público interno da ABIN** |

2. **Importante**: o candidato deverá observar as palavras chaves destacadas, assim o ajudará na memorização das competências de cada unidade administrativa da ABIN.

**Art. 5º À Assessoria de Relações Internacionais** compete:

I – **planejar e apoiar** as **relações internacionais** da ABIN e as atividades com os parceiros estrangeiros, de acordo com as diretrizes fixadas pelo Diretor-Geral e em consonância com as ações executadas pelas unidades da ABIN;

II – **supervisionar e acompanhar** o trabalho dos **adidos civis** de Inteligência e de outros postos de servidores da ABIN no exterior; e

III – **articular** o intercâmbio seguro de dados e conhecimentos de interesse da Atividade de Inteligência **entre os parceiros no exterior e as unidades da ABIN**.

1. **Funções da Assessoria de Relações Internacionais:**

| | |
|---|---|
| **Funções da Assessoria de Relações Internacionais:** | I – **planejar e apoiar** as **relações internacionais** da ABIN e as atividades com os parceiros estrangeiros, de acordo com as diretrizes fixadas pelo Diretor-Geral e em consonância com as ações executadas pelas unidades da ABIN; |
| | II – **supervisionar e acompanhar** o trabalho dos **adidos civis** de Inteligência e de outros postos de servidores da ABIN no exterior; |
| | III – **articular** o intercâmbio seguro de dados e conhecimentos de interesse da Atividade de Inteligência **entre os parceiros no exterior e as unidades da ABIN.** |

2. **Importante**: o candidato deverá observar as palavras chaves destacadas, assim o ajudará na memorização das competências de cada unidade administrativa da ABIN.

**Art. 6º** À **Assessoria Jurídica**, órgão setorial da Advocacia-Geral da União, compete:

I – **prestar assessoria** e consultoria **jurídica** no âmbito da ABIN;

II – **fixar a interpretação** da **Constituição, das leis, dos tratados** e dos demais atos normativos, a ser uniformemente seguida na área de atuação da ABIN quando não houver orientação normativa do Advogado-Geral da União;

III – realizar revisão final da técnica legislativa e **emitir parecer conclusivo** sobre a constitucionalidade, a legalidade e a compatibilidade com o ordenamento jurídico das propostas de atos normativos;

IV – **assistir o Diretor-Geral** e as demais autoridades da ABIN no controle interno da legalidade dos atos da ABIN; e

V – **examinar**, prévia e conclusivamente, no âmbito da ABIN:

a) os **textos de editais de licitação** e os respectivos contratos ou instrumentos congêneres a serem publicados e celebrados; e

b) os atos pelos quais se reconheça a inexigibilidade ou se decida pela dispensa de licitação.

## 1. Funções da Assessoria Jurídica:

| Funções da Assessoria Jurídica | **I – prestar assessoria** e consultoria **jurídica** no âmbito da ABIN; |
|---|---|
| | **II – fixar a interpretação** da **Constituição, das leis, dos tratados** e dos demais atos normativos, a ser uniformemente seguida na área de atuação da ABIN quando não houver orientação normativa do Advogado-Geral da União; |
| | **III –** realizar revisão final da técnica legislativa e **emitir parecer conclusivo** sobre a constitucionalidade, a legalidade e a compatibilidade com o ordenamento jurídico das propostas de atos normativos; |
| | **IV – assistir o Diretor-Geral** e as demais autoridades da ABIN no controle interno da legalidade dos atos da ABIN; |
| | **V – examinar**, prévia e conclusivamente, no âmbito da ABIN: textos e editais de **licitação** e atos que reconheçam a inexigibilidade e dispensa de licitação. |

2. **Importante**: o candidato deverá observar as palavras chaves destacadas, assim o ajudará na memorização das competências de cada unidade administrativa da ABIN.

> **Art. 7º** À **Corregedoria-Geral** compete:
>
> I – **receber e apurar denúncias e representações** sobre irregularidades e infrações disciplinares cometidas por agentes públicos em exercício na ABIN;
>
> II – **planejar**, executar, coordenar, supervisionar e controlar as atividades de **correição** da ABIN;
>
> III – articular o **intercâmbio** de informações relativas à **conduta funcional** dos agentes públicos em exercício na ABIN com as demais unidades da ABIN, especialmente com a Assessoria de Segurança Orgânica; e
>
> IV – **orientar preventivamente** os integrantes das unidades da ABIN quanto ao cumprimento da legislação disciplinar.

1. **Funções da Corregedoria-Geral:**

| **Funções da Corregedoria-Geral** | **I – receber e apurar denúncias e representações** sobre irregularidades e infrações disciplinares cometidas por agentes públicos em exercício na ABIN |
|---|---|
| | **II – planejar**, executar, coordenar, supervisionar e controlar as atividades de **correição** da ABIN |
| | **III –** articular o **intercâmbio** de informações relativas à **conduta funcional** dos agentes públicos em exercício na ABIN com as demais unidades da ABIN, especialmente com a Assessoria de Segurança Orgânica; |
| | **IV – orientar preventivamente** os integrantes das unidades da ABIN quanto ao cumprimento da legislação disciplinar |

2. **Importante**: o candidato deverá observar as palavras chaves destacadas, assim o ajudará na memorização das competências de cada unidade administrativa da ABIN.

**Aplicação em concurso:**

- *ABIN/Oficial de Inteligência– CESPE – 2018*

  *"Se a Corregedoria-Geral da ABIN receber representação sobre irregularidade ou infração disciplinar cometida por agente público em exercício na própria agência, ela terá a competência de apurá-la, além de caber a ela o controle das atividades de correição dos órgãos do SISBIN".*

  *Afirmativa errada. A segunda parte do item não está no rol das competências da Corregedoria-Geral previsto no artigo 7º do Decreto 8905/16.*

**Art. 8º À Assessoria Executiva** do Sistema Brasileiro de Inteligência compete:

I – **intercambiar** dados e **conhecimentos entre os membros** do Sistema Brasileiro de Inteligência;

II – **planejar,** executar, supervisionar e controlar as ações de **integração dos órgãos** do Sistema Brasileiro de Inteligência, em consonância com a Política Nacional de Inteligência; e

III – **prover suporte** técnico e administrativo às **reuniões do Conselho Consultivo** do Sistema Brasileiro de Inteligência.

1. **Funções da Assessoria Executiva:**

| **Funções da Assessoria Executiva** | **I – intercambiar** dados e **conhecimentos entre os membros** do Sistema Brasileiro de Inteligência |
|---|---|
| | **II – planejar,** executar, supervisionar e controlar as ações de **integração dos órgãos** do Sistema Brasileiro de Inteligência, em consonância com a Política Nacional de Inteligência |
| | **III – prover suporte** técnico e administrativo às **reuniões do Conselho Consultivo** do Sistema Brasileiro de Inteligência |

2. **Importante**: o candidato deverá observar as palavras chaves destacadas, assim o ajudará na memorização das competências de cada unidade administrativa da ABIN.

**Art. 9º À Secretaria de Planejamento e Gestão** compete:

I – **planejar**, coordenar, supervisionar, controlar e avaliar as **atividades de planejamento, orçamento, modernização e governança** institucional, de capacitação e gestão de pessoal, de desenvolvimento científico e tecnológico, de Inteligência cibernética, de telecomunicações, de eletrônica, de logística, de serviços gráficos e de administração geral e as ações de segurança orgânica;

II – **planejar,** coordenar, supervisionar e controlar o desenvolvimento do processo **orçamentário anual e da programação financeira**, em consonância com as políticas, as diretrizes e as prioridades estabelecidas pelo Diretor-Geral da ABIN;

III – articular com as unidades da ABIN a elaboração de planos, projetos anuais e plurianuais, termos de convênios, acordos de cooperação e instrumentos correlatos a serem celebrados com entidades de direito público e privado, nacionais e estrangeiras, e submetê-los à apreciação do Diretor-Geral da ABIN;

IV – desenvolver estudos destinados ao contínuo aperfeiçoamento da ABIN e propor, quando necessário, a reformulação e a padronização de suas estruturas, processos de trabalho, normas, sistemas e métodos; e

V – acompanhar, junto aos órgãos da administração pública federal e a outras entidades e organizações, a **alocação de recursos** destinados ao cumprimento dos programas, das ações e das atividades da ABIN.

## 1. Funções da Secretaria de Planejamento e Gestão:

| | |
|---|---|
| **Secretaria de Planejamento e Gestão** | **I – planejar**, coordenar, supervisionar, controlar e avaliar as **atividades de planejamento, orçamento, modernização e governança** institucional, de capacitação e gestão de pessoal, de desenvolvimento científico e tecnológico, de Inteligência cibernética, de telecomunicações, de eletrônica, de logística, de serviços gráficos e de administração geral e as ações de segurança orgânica |
| | **II – planejar,** coordenar, supervisionar e controlar o desenvolvimento do processo **orçamentário anual e da programação financeira**, em consonância com as políticas, as diretrizes e as prioridades estabelecidas pelo Diretor-Geral da ABIN |

| | |
|---|---|
| | **III – articular** com as unidades da ABIN a elaboração de planos, projetos anuais e plurianuais, termos de convênios, **acordos de cooperação** e instrumentos correlatos a serem celebrados com entidades de direito público e privado, nacionais e estrangeiras, e submetê-los à apreciação do Diretor-Geral da ABIN |
| | **IV – desenvolver** estudos destinados ao contínuo **aperfeiçoamento da ABIN** e propor, quando necessário, a reformulação e a padronização de suas estruturas, processos de trabalho, normas, sistemas e métodos |
| | **V – acompanhar**, junto aos órgãos da administração pública federal e a outras entidades e organizações, a **alocação de recursos** destinados ao cumprimento dos programas, das ações e das atividades da ABIN |

2. **Importante**: o candidato deverá observar as palavras chaves destacadas, assim o ajudará na memorização das competências de cada unidade administrativa da ABIN.

**Art. 10.** À **Assessoria de Segurança Orgânica** compete:

I – **planejar**, coordenar, executar e controlar as ações de segurança de pessoas, das áreas e das instalações, do uso de sistemas de informação e da documentação da ABIN;

II – **identificar ameaças ou ocorrências** de comprometimento ou violação da segurança orgânica, e adotar medidas necessárias;

III – **articular** o **intercâmbio de informações** relativas à **segurança** de pessoas da ABIN com as demais unidades da ABIN, especialmente com a Corregedoria-Geral;

IV – **coordenar**, executar e fiscalizar o Sistema de **Gerenciamento de Armas** da ABIN; e

V – **realizar pesquisas** em bases de dados para assessoramento nos assuntos de competência da ABIN.

1. **Assessoria de Segurança Orgânica:**

| Assessoria de Segurança Orgânica | **I – planejar**, coordenar, executar e controlar as ações de segurança de pessoas, das áreas e das instalações, do uso de sistemas de informação e da documentação da ABIN; |
|---|---|
| | **II – identificar ameaças ou ocorrências** de comprometimento ou violação da segurança orgânica, e adotar medidas necessárias; |
| | **III – articular** o **intercâmbio de informações** relativas à **segurança** de pessoas da ABIN com as demais unidades da ABIN, especialmente com a Corregedoria-Geral; |
| | **IV – coordenar**, executar e fiscalizar o Sistema de **Gerenciamento de Armas** da ABIN; |
| | **V – realizar pesquisas** em bases de dados para assessoramento nos assuntos de competência da ABIN |

2. **Importante**: o candidato deverá observar as palavras chaves destacadas, assim o ajudará na memorização das competências de cada unidade administrativa da ABIN.

**Art. 11.** Ao **Centro de Pesquisa e Desenvolvimento para a Segurança das Comunicações** compete:

I – **coordenar e executar pesquisas científicas** e tecnológicas a serem aplicadas na implementação de dispositivos, processos, sistemas e soluções para a Atividade de Inteligência;

II – **pesquisar**, desenvolver e implementar **algoritmos criptográficos de Estado em soluções voltadas para a segurança da informação e das comunicações;**

**III – desenvolver pesquisas científicas e tecnológicas aplicadas a projetos e soluções de segurança das comunicações e Inteligência cibernética;**

**IV – planejar e executar atividades vinculadas ao funcionamento de produtos e serviços de tecnologia da informação e comunicações;**

**V – apoiar a Secretaria-Executiva do Conselho de Defesa Nacional nas atividades de caráter científico e tecnológico relacionadas à segurança da informação e à segurança cibernética; e**

**VI – implementar** os planos relacionados a **Inteligência cibernética** aprovados pela ABIN.

1. **Centro de Pesquisa e Desenvolvimento para a Segurança das Comunicações:**

| | |
|---|---|
| **Centro de Pesquisa e Desenvolvimento para a Segurança das Comunicações** | **I – coordenar e executar pesquisas científicas** e tecnológicas a serem aplicadas na implementação de dispositivos, processos, sistemas e soluções para a Atividade de Inteligência |
| | **II – pesquisar**, desenvolver e implementar **algoritmos criptográficos** de Estado em soluções voltadas para a segurança da informação e das comunicações |
| | **III – desenvolver** pesquisas científicas e tecnológicas aplicadas a projetos e soluções de **segurança das comunicações e Inteligência cibernética** |
| | **IV – planejar** e executar atividades vinculadas ao funcionamento de produtos e serviços de **tecnologia da informação** e comunicações |
| | **V – apoiar** a Secretaria-Executiva do Conselho de Defesa Nacional nas atividades de caráter científico e tecnológico relacionadas à segurança da informação e à segurança cibernética |
| | **VI – implementar** os planos relacionados a **Inteligência cibernética** aprovados pela ABIN |

3. **Importante**: o candidato deverá observar as palavras chaves destacadas, assim o ajudará na memorização das competências de cada unidade administrativa da ABIN.

**Art. 12.** Ao **Departamento de Administração e Logística** compete:

I – **planejar**, coordenar e executar a **dotação orçamentária anual** da ABIN;

II – **planejar**, executar e controlar as atividades **administrativas, patrimoniais**, de gestão logística, de protocolo-geral e de arquivo de documentos administrativos; e

III – propor **instrumentos normativos** nas suas áreas de competência.

1. **Funções do Departamento de Administração e Logística:**

| | |
|---|---|
| **Funções do Departamento de Administração e Logística** | **I – planejar**, coordenar e executar a **dotação orçamentária anual** da ABIN; |
| | **II – planejar**, executar e controlar as atividades **administrativas, patrimoniais**, de gestão logística, de protocolo-geral e de arquivo de documentos administrativos; |
| | III – propor **instrumentos normativos** nas suas áreas de competência. |

2. **Importante**: o candidato deverá observar as palavras chaves destacadas, assim o ajudará na memorização das competências de cada unidade administrativa da ABIN.

**Art. 13.** Ao **Departamento de Gestão de Pessoal** compete:

I – **executar** e coordenar as atividades relacionadas ao **Sistema de Pessoal Civil da Administração Federal**;

II – **elaborar** projetos de normativos e emitir manifestações técnicas acerca de temas relativos à **gestão de pessoal**;

III – **planejar**, executar, coordenar e supervisionar as atividades relacionadas ao **recrutamento e à seleção de candidatos** a ingresso na ABIN, bem como à ambientação, ao desenvolvimento profissional, ao acompanhamento e à capacitação dos agentes públicos da ABIN;

IV – **realizar** ações destinadas à adequação das competências dos **agentes públicos** às atribuições das unidades da ABIN; e

V – **promover** políticas permanentes de melhoria da qualidade de vida e saúde dos **agentes públicos** em exercício na ABIN.

1. **Funções do Departamento de Gestão de Pessoal:**

| | |
|---|---|
| **Funções do Departamento de Gestão de Pessoal** | **I – executar** e coordenar as atividades relacionadas ao **Sistema de Pessoal Civil da Administração Federal;** |
| | **II – elaborar** projetos de normativos e emitir manifestações técnicas acerca de temas relativos à **gestão de pessoal;** |

| | |
|---|---|
| | **III – planejar**, executar, coordenar e supervisionar as atividades relacionadas ao **recrutamento e à seleção de candidatos** a ingresso na ABIN, bem como à ambientação, ao desenvolvimento profissional, ao acompanhamento e à capacitação dos agentes públicos da ABIN; |
| | **IV – realizar** ações destinadas à adequação das competências dos **agentes públicos** às atribuições das unidades da ABIN; |
| | **V – promover** políticas permanentes de melhoria da qualidade de vida e saúde dos **agentes públicos** em exercício na ABIN. |

3. **Importante**: o candidato deverá observar as palavras chaves destacadas, assim o ajudará na memorização das competências de cada unidade administrativa da ABIN.

**Art. 14.** Ao **Departamento de Planejamento e Gestão Estratégica** compete:

I – **coordenar** a elaboração de políticas e diretrizes de **gestão estratégica** da ABIN;

II – **propor** e coordenar a elaboração e consolidação dos planos, projetos e programas relativos ao desenvolvimento e à **integração institucional**;

III – **apoiar** e monitorar a implementação e a execução de programas e projetos estratégicos e de ações sistêmicas de transformação da gestão voltadas ao **fortalecimento institucional**;

IV – **participar**, em articulação com as unidades da ABIN, da elaboração de proposta orçamentária, observada a priorização de atividades de acordo com as **diretrizes institucionais**; e

V – **sistematizar**, monitorar e gerenciar a obtenção e a utilização de dados relativos à avaliação gerencial e ao **desempenho institucional**.

1. **Funções do Departamento de Planejamento e Gestão Estratégica:**

| **Funções do Departamento de Planejamento e Gestão Estratégica** | **I – coordenar** a elaboração de políticas e diretrizes de **gestão estratégica** da ABIN |
|---|---|
| | **II – propor** e coordenar a elaboração e consolidação dos planos, projetos e programas relativos ao desenvolvimento e à **integração institucional** |

| | |
|---|---|
| | **III – apoiar** e monitorar a implementação e a execução de programas e projetos estratégicos e de ações sistêmicas de transformação da gestão voltadas ao **fortalecimento institucional** |
| | **IV – participar**, em articulação com as unidades da ABIN, da elaboração de proposta orçamentária, observada a priorização de atividades de acordo com as **diretrizes institucionais** |
| | **V – sistematizar**, monitorar e gerenciar a obtenção e a utilização de dados relativos à avaliação gerencial e ao **desempenho institucional** |

3. **Importante**: o candidato deverá observar as palavras chaves destacadas, assim o ajudará na memorização das competências de cada unidade administrativa da ABIN.

**Art. 15**. À **Escola de Inteligência** compete:

I – **realizar** a **capacitação** e o desenvolvimento de recursos humanos para a Atividade de Inteligência e para o Sistema Brasileiro de Inteligência e a capacitação de pessoal selecionado por meio de concurso público;

II – **coordenar** as ações de pesquisa e desenvolvimento da **Doutrina Nacional da Atividade de Inteligência**;

III – **elaborar** planos e **estudos** e conduzir pesquisas para o exercício e o aprimoramento da Atividade de Inteligência; e

IV – **estabelecer** intercâmbio com **escolas**, centros de ensino, bibliotecas e outras organizações congêneres nacionais e estrangeiras.

1. **Funções da Escola de Inteligência:**

| | |
|---|---|
| **Funções da Escola de Inteligência** | **I – realizar** a **capacitação** e o desenvolvimento de recursos humanos para a Atividade de Inteligência e para o Sistema Brasileiro de Inteligência e a capacitação de pessoal selecionado por meio de concurso público |
| | **II – coordenar** as ações de pesquisa e desenvolvimento da **Doutrina Nacional da Atividade de Inteligência** |

| | |
|---|---|
| | **III – elaborar** planos e **estudos** e conduzir pesquisas para o exercício e o aprimoramento da Atividade de Inteligência |
| | **IV – estabelecer** intercâmbio com **escolas**, centros de ensino, bibliotecas e outras organizações congêneres nacionais e estrangeiras |

**3. Importante**: o candidato deverá observar as palavras chaves destacadas, assim o ajudará na memorização das competências de cada unidade administrativa da ABIN.

### Seção II
### Dos órgãos específicos singulares

**Art. 16**. Ao **Departamento de Inteligência Estratégica** compete:

I – **produzir conhecimentos de Inteligência** sobre ameaças e oportunidades, no âmbito nacional e internacional, para fins de assessoramento ao processo decisório do País;

II – **planejar**, coordenar, supervisionar e controlar a execução das **atividades de Inteligência Estratégica do País**;

III – **processar** dados e conhecimentos fornecidos pelos **adidos civis brasileiros** no exterior, representantes estrangeiros acreditados junto ao Governo brasileiro e pelos serviços estrangeiros congêneres; e

IV – **implementar** os **planos relacionados** à Atividade de Inteligência Estratégica aprovados pela ABIN.

**1. Funções do Departamento de Inteligência Estratégica:**

| | |
|---|---|
| **Funções do Departamento de Inteligência Estratégica** | **I – produzir conhecimentos de Inteligência** sobre ameaças e oportunidades, no âmbito nacional e internacional, para fins de assessoramento ao processo decisório do País; |
| | **II – planejar**, coordenar, supervisionar e controlar a execução das **atividades de Inteligência Estratégica do País;** |
| | **III – processar** dados e conhecimentos fornecidos pelos **adidos civis brasileiros** no exterior, representantes estrangeiros acreditados junto ao Governo brasileiro e pelos serviços estrangeiros congêneres; |

| | **IV – implementar** os **planos relacionados** à Atividade de Inteligência Estratégica aprovados pela ABIN. |
|---|---|

3. **Importante**: o candidato deverá observar as palavras chaves destacadas, assim o ajudará na memorização das competências de cada unidade administrativa da ABIN.

**Aplicação em concurso:**

- *ABIN/Agente de Inteligência– CESPE – 2008*

  *"Ao Departamento de Inteligência Estratégica compete obter informações e exercer ações de salvaguarda de assuntos sensíveis e de interesse do Estado e da sociedade, bem como das áreas e dos meios que os retenham ou em que transitem".*

  *Afirmativa errada. Não está no rol das competências do referido departamento previsto no 16 do Decreto 8905/16.*

**Art. 17.** Ao **Departamento de Contrainteligência** compete:

I – **desenvolver** ações de **contraespionagem**;

II – **prevenir**, detectar, obstruir e **neutralizar** a atuação deliberada de governos, grupos e pessoas físicas ou jurídicas que possam influenciar o processo decisório do País com o objetivo de favorecer interesses estrangeiros em detrimento dos nacionais;

III – **empreender** ações e programas de fortalecimento da cultura de proteção e **salvaguarda de conhecimentos sensíveis** cujo acesso não autorizado possa resultar em prejuízos aos objetivos estratégicos da sociedade e do Estado brasileiros;

IV – **elaborar**, em articulação com as demais unidades, avaliações de **risco em áreas** e instalações críticas e estratégicas;

V – **processar** dados e conhecimentos fornecidos pelos adidos civis brasileiros no exterior, pelos representantes estrangeiros acreditados junto ao Governo brasileiro e pelos serviços estrangeiros congêneres; e

VI – **implementar** os planos relacionados à Atividade de **Contrainteligência** aprovados pela ABIN.

**1. Funções do Departamento de Contrainteligência:**

| **Funções do Departamento de Contrainteligência** | **I – desenvolver** ações de **contraespionagem**; |
|---|---|
| | **II – prevenir**, detectar, obstruir e **neutralizar** a atuação deliberada de governos, grupos e pessoas físicas ou jurídicas que possam influenciar o processo decisório do País com o objetivo de favorecer interesses estrangeiros em detrimento dos nacionais; |
| | **III – empreender** ações e programas de fortalecimento da cultura de proteção e **salvaguarda de conhecimentos sensíveis** cujo acesso não autorizado possa resultar em prejuízos aos objetivos estratégicos da sociedade e do Estado brasileiros |
| | **IV – elaborar**, em articulação com as demais unidades, avaliações de **risco em áreas** e instalações críticas e estratégicas; |
| | **V – processar** dados e conhecimentos fornecidos pelos adidos civis brasileiros no exterior, pelos representantes estrangeiros acreditados junto ao Governo brasileiro e pelos serviços estrangeiros congêneres; |
| | **VI – implementar** os planos relacionados à Atividade de **Contrainteligência** aprovados pela ABIN. |

3. **Importante**: o candidato deverá observar as palavras chaves destacadas, assim o ajudará na memorização das competências de cada unidade administrativa da ABIN.

**Art. 18**. Ao **Departamento de Contraterrorismo e Ilícitos Transnacionais** compete:

I – **planejar** e executar as atividades de prevenção às ações **terroristas** no território nacional e obter informações e produzir conhecimentos sobre organizações terroristas e ilícitos transnacionais;

II – **processar** dados e conhecimentos fornecidos pelos **adidos civis** brasileiros no exterior, pelos representantes estrangeiros acreditados junto ao Governo brasileiro e pelos serviços estrangeiros congêneres; e

III – **implementar** os planos relacionados à atividade de contraterrorismo e de análise de ilícitos transnacionais aprovados pela ABIN.

**1. Funções do Departamento de Contraterrorismo e Ilícitos:**

| Funções do Departamento de Contraterrorismo e Ilícitos | I – **planejar** e executar as atividades de prevenção às ações **terroristas** no território nacional e obter informações e produzir conhecimentos sobre organizações terroristas e ilícitos transnacionais; |
|---|---|
| | II – **processar** dados e conhecimentos fornecidos pelos **adidos civis** brasileiros no exterior, pelos representantes estrangeiros acreditados junto ao Governo brasileiro e pelos serviços estrangeiros congêneres; |
| | III – **implementar** os planos relacionados à atividade de contraterrorismo e de análise de ilícitos transnacionais aprovados pela ABIN. |

3. **Importante**: o candidato deverá observar as palavras chaves destacadas, assim o ajudará na memorização das competências de cada unidade administrativa da ABIN.

**Art. 19.** Ao **Departamento de Operações de Inteligência** compete:

I – **planejar**, executar, coordenar, supervisionar e controlar **operações de Inteligência**, em consonância com as diretrizes e prioridades institucionais;

II – **orientar**, supervisionar e apoiar as unidades estaduais em **operações de Inteligência**; e

III – **implementar** os planos relacionados a **operações de Inteligência** aprovados pela ABIN.

1. **Funções do Departamento de Operações de Inteligência:**

| **Funções do Departamento de Operações de Inteligência** | **I – planejar**, executar, coordenar, supervisionar e controlar **operações de Inteligência**, em consonância com as diretrizes e prioridades institucionais; |
|---|---|
| | **II – orientar**, supervisionar e apoiar as unidades estaduais em **operações de Inteligência**; |
| | **III – implementar** os planos relacionados a **operações de Inteligência** aprovados pela ABIN. |

3. **Importante**: o candidato deverá observar as palavras chaves destacadas, assim o ajudará na memorização das competências de cada unidade administrativa da ABIN.

### Seção III
### Das unidades estaduais

**Art. 20.** Às **unidades estaduais** compete:

I – **planejar**, executar, coordenar, supervisionar, controlar e difundir a produção de conhecimentos de interesse da Atividade de Inteligência nas respectivas áreas, de acordo com as diretrizes fixadas pelo Diretor-Geral da ABIN;

II – coor**denar**, em articulação com a Assessoria Executiva do Sistema Brasileiro de Inteligência, as ações desse sistema em **âmbito estadual**; e

III – **planejar**, executar e controlar, em articulação com o Departamento de Operações de Inteligência, as ações operacionais em **nível estadual**.

1. **Unidades estaduais**: terão funções na área da atividade de inteligência, porém dentro do âmbito ou nível estadual.

## CAPÍTULO IV
## DAS ATRIBUIÇÕES DOS DIRIGENTES

### Seção I
### Do Diretor-Geral da Agência Brasileira de Inteligência

**Art. 21.** Ao **Diretor-Geral** da ABIN incumbe:

I – **assistir o Ministro de Estado Chefe** do Gabinete de Segurança Institucional da Presidência da República nos assuntos de competência da ABIN;

II – **coordenar** as atividades de Inteligência no âmbito do Sistema Brasileiro de Inteligência;

III – **deliberar** sobre projetos e atividades da ABIN;

IV – **editar atos normativos** sobre a organização e o funcionamento da ABIN e aprovar manuais de normas, procedimentos e rotinas;

V – **propor a criação ou a extinção das superintendências estaduais,** subunidades e postos no exterior, onde se fizer necessário, observados os quantitativos fixados na Estrutura Regimental da ABIN;

VI – **fazer indicações para provimento de cargos em comissão**, inclusive do Diretor-Adjunto, e propor a exoneração de seus ocupantes e dos substitutos;

VII – **indicar** ao Ministro de Estado Chefe do Gabinete de Segurança Institucional da Presidência da República os **servidores que poderão ser designados para prestar serviço no exterior** nos termos do art. 10 da Lei nº11.776, de 17 de setembro de 2008;

VIII – **decidir sobre os recursos impetrados** contra indeferimento ou arquivamento de denúncias ou representações para instauração de procedimentos administrativos disciplinares;

IX – **aprovar planos** de operações da Atividade de Inteligência;

X – **aprovar** as ações decorrentes da Política Nacional de Inteligência; e

XI – **realizar** outras atividades **determinadas pelo Ministro de Estado Chefe do Gabinete de Segurança Institucional** da Presidência da República.

1. **Atribuições do Diretor-Geral da ABIN:** o artigo 21 elenca as atribuições do Diretor-Geral da ABIN. Importante frisas nas palavra-chave de cada atribuição para facilitar a memorização.

**Aplicação em concurso:**

- *ABIN/Agente Técnico de Inteligência– CESPE – 2010*

  *"Cabe ao chefe de gabinete de Segurança Institucional da Presidência da República propor a criação ou extinção das unidades estaduais, subunidades estaduais e postos no exterior, onde se fizer necessário, observados os quantitativos fixados na estrutura regimental da ABIN, e também indicar os servidores da agência para as funções de adido civil junto às representações diplomáticas brasileiras acreditadas no exterior".*

  *Afirmativa errada. Está no rol das competências do Diretor-Geral da ABIN previsto no artigo 21 do Decreto 8905/16.*

**Aplicação em concurso:**

- *ABIN/Agente Técnico de Inteligência– CESPE – 2010*

  *"A decisão sobre os processos administrativos disciplinares abertos no âmbito da ABIN é da competência do diretor-geral da instituição, salvo nos casos de demissão, quando deverá submetê-la ao ministro de Estado chefe do Gabinete de Segurança Institucional da Presidência da República".*

  *Afirmativa errada. Não está no rol das competências do Diretor-Geral da ABIN previsto no artigo 21 do Decreto 8905/16.*

**Art. 22.** O **Diretor-Geral** da ABIN será **substituído**, nos seus impedimentos legais, pelo **Diretor-Adjunto**, que poderá exercer outras atribuições e competências definidas pelo Diretor-Geral da Agência.

Parágrafo único. Nas hipóteses de afastamentos ou impedimentos legais ou regulamentares e na vacância dos cargos de Diretor-Geral e de Diretor-Adjunto, a Direção-Geral da ABIN será exercida pelo **Secretário de Planejamento e Gestão.**

1. **Substituição do Diretor-Geral da ABIN:** ele será substituído pelo Diretor-Adjunto.
2. **No caso de afastamento do Diretor-Geral e Diretor-Adjunto:** no caso de ambos estejam afastados a função será exercida pelo Secretário de Planejamento e Gestão.

## Seção II
## Dos demais dirigentes

**Art. 23.** Ao **Secretário de Planejamento e Gestão, aos Diretores, ao Chefe de Gabinete e aos demais dirigentes** incumbe planejar, dirigir, coordenar, orientar e avaliar a execução das atividades das unidades subordinadas e exercer outras atribuições que lhes forem cometidas.

1. **Funções do Secretário de Planejamento e Gestão, aos Diretores, ao Chefe de Gabinete e aos demais dirigentes:** estarão relacionadas à execução das atividades das unidades subordinadas.

# CAPÍTULO V
# DISPOSIÇÕES GERAIS

**Art. 24.** O **provimento de cargos de confiança**, no caso dos militares em exercício na ABIN, observará as seguintes diretrizes:

I – os cargos de Assessor Especial Militar, de Assessor Militar e de Assessor Técnico Militar serão ocupados por Oficiais Superiores das Forças Armadas ou das Forças Auxiliares;

II – os cargos de Assistente Militar serão ocupados, em princípio, por Oficiais Intermediários das Forças Armadas ou das Forças Auxiliares; e

III – os cargos de Assistente Técnico Militar serão ocupados, em princípio, por Oficiais Subalternos das Forças Armadas ou das Forças Auxiliares.

## 1. Provimento de cargos de confiança:

| | |
|---|---|
| **Assessor Especial Militar, de Assessor Militar e de Assessor Técnico Militar** | Serão ocupados por Oficiais Superiores das Forças Armadas ou das Forças Auxiliares. |
| **Assistente Militar** | Serão ocupados, em princípio, por Oficiais Intermediários das Forças Armadas ou das Forças Auxiliares. |
| **Assistente Técnico Militar** | Serão ocupados, em princípio, por Oficiais Subalternos das Forças Armadas ou das Forças Auxiliares. |

**Art. 25.** O **Corregedor-Geral da ABIN** será indicado pelo **Diretor-Geral**, ouvido o **Ministério da Transparência, Fiscalização e Controladoria-Geral da União**, e nomeado na forma da legislação vigente.

## 1. Indicação do Corregedor-Geral da ABIN:

| Quem indica o Corregedor-Geral da ABIN? | Diretor-Geral precisará ouvir antes alguém? |
|---|---|
| Diretor-Geral da ABIN | Ouvido o **Ministério da Transparência, Fiscalização e Controladoria-Geral da União** |

## ANOTAÇÕES

## ANOTAÇÕES

# ANOTAÇÕES

## ANOTAÇÕES

# ANOTAÇÕES

EDITORA
JusPODIVM
www.editorajuspodivm.com.br